Curso Profesional de Programación Neuro Lingüística

The KEW Training Academy

Curso Profesional de Programación Neuro Lingüística

Tabla de Contenidos

Contenidos

Introducción

Gracias por comprar este Curso Profesional de Programación Neuro Lingüística que te proporciona toda la información requerida para incorporar los muchos beneficios de la PNL en tu vida. Con práctica y aplicación cuidadosas de la información contenida, podrás usar la PNL en una capacidad profesional. La Programación Neuro Lingüística se ha vuelto más y más popular en el correr de los años y es utilizada por gente de todos los caminos de la vida ya que cada una de las técnicas se puede utilizar para mejorar la vida en general. Además, es un recurso sorprendentemente flexible.

El nombre PNL ofrece una indicación de cómo funciona el sistema. 'Neuro Lingüístico' es relativo a las funciones del cuerpo y a la interfaz del lenguaje, mientras que 'Programación' determina los modelos del individuo en relación con su mundo personal. En pocas palabras, es la correlación entre mente, lenguaje, y comportamiento. La PNL mira la competencia comportamental, pero es un recurso tan flexible que puede ser utilizado por todos, mejorando el pensamiento estratégico. Al entender el abordaje cognitivo, la PNL proporciona un sistema completo de herramientas para el desarrollo de habilidades nuevas importantes prontas para el cambio.

Aquellos que estudian PNL pueden tomar un mayor control de sus vidas, amoldándolas de una manera que hallen adecuada. Les ayuda a forjar conexiones más fuertes con otros, construyendo un nexo con más facilidad y pudiendo obtener una mejor introspección de cómo la gente piensa y siente. Además, une a la mente inconsciente con la mente consciente así el individuo puede identificar qué le es realmente importante. En esencia, la PNL es el recurso perfecto para quien sea que esté desconforme con su vida.

Para aquellos que buscan tener más éxito comunicándose con los demás, la PNL les permite hacerlo de una manera ética y, es perfecta para aquellos que recién están dando su primer paso hacia el cambio. Se puede decir de manera cierta que la PNL quizás sea uno de los recursos más sofisticados disponibles y cualquier puede usar las técnicas exitosamente si se toman el tiempo para aprenderlas.

Al embarcarte en este curso, estás comenzando un viaje de auto-descubrimiento y entenderás mucho más acerca de ti mismo, así como entendiendo y conectando con los demás. Toma un abordaje diligente para aprender la información dentro de este curso, no te apresures. El éxito con la PNL es dependiente de la comprensión y el uso de las muchas técnicas dentro de ella, especialmente si hay un deseo de embarcar en una carrera de coaching.

Al final de cada módulo, prueba tu conocimiento al completar las evaluaciones de auto-estudio que te ayudarán a considerar muchos de los elementos cruciales dentro de la PNL antes de moverte hacia el siguiente módulo. Si estás pronto para comenzar, ve al Módulo Uno.

Módulo Uno

¿Qué es la PNL?

Puede que hayas escuchado muchas cosas acerca de la Programación Neuro Lingüística simplemente porque ha soportado buena y mala propaganda en el pasado. Para algunos, la PNL tiene elementos negativos – la idea es que se puede utilizar para lavar cerebros o manipular a los demás y sin embargo, en general, la gente ve a la PNL como un recurso altamente positivo que solo tendría que ser usado de una manera ética para poder forjar conexiones comunicativas más fuertes con los demás.

Todo comenzó en California a principios de los 1970, cuando Richard Bandler y el Dr. John Grinder estudiaron gente que se creía que tenía excelentes habilidades comunicativas, ya que creían que había una conexión entre los procesos neurológicos, el lenguaje, y los comportamientos y que a través de la programación, los individuos pueden enmendar o cambiar sus pensamientos y comportamientos para poder lograr las metas asignadas.

Aunque la PNL tiene sus raíces firmemente arraigadas en un ambiente terapéutico, hay una necesidad de dibujar las habilidades lingüísticas que se requieren para una buena comunicación diaria. Los estudios demuestran que la PNL puede ser exitosamente usada en cualquier camino de la vida y usada de una manera para transformarse a sí mismos y a los demás.

La PNL es usada por una amplia variedad de profesionales, incluyendo:

- Vendedores
- Coach de vida
- Maestros
- Gerentes
- Doctores, etc.

Todo el que aprende las técnicas y las utiliza regularmente las refinará en su propio estilo y aprenderá a comunicarse a su manera también. Aunque algunos dirán que la PNL se puede usar de manera poco ética, esta ciertamente no fue la manera en que se diseñó la PNL. En general, sin embargo, todos influenciamos a los demás y lo hacemos de manera muy natural. Por lo tanto, la filosofía entera de la PNL es que se usen estas habilidades recién desarrolladas con integridad.

Consejo:

¿Te preocupa no estar usando la PNL de manera ética? Una manera de darte cuenta de si estás usando la PNL de manera ética es considerando si tu intento beneficiará a otra persona o si el beneficio es solo para ti.

Hay cuatro pilares, también conocidos como los cimientos de la PNL, que incluyen:

Compenetración

El nexo es una parte esencial de la vida diaria. Se trata de construir relaciones con los demás y es quizás uno de los elementos más conocidos de la PNL.

Agudeza sensorial

La concienciación sensorial es importante. Cuando utilizas tus sentidos correctamente, te vuelves consciente de todo lo que te rodea.

Resultados

En la PNL, este término se relaciona con que pienses acerca de lo que quieres lograr. Te ofrece los principios que dan lugar a un resultado asignado y te ayuda a tomar mejores decisiones.

Flexibilidad en el comportamiento

Esto simplemente significa ser adaptable en la vida, aprendiendo a elegir un abordaje distinto si la metodología que estás usando no está funcionando.

Hemos discutido que la PNL es un marco. Se puede usar para apoyar y proteger en el correr de la vida. También ofrece un punto de partida fuerte – por ejemplo estos cimientos tan importantes. Cuando usas las técnicas de la PNL, avanzas en la vida, no simplemente respondiendo al mundo a tu alrededor, sino respondiendo a tu modelo, o tu mapa personal del mundo. Habrá más acerca de esto más adelante.

Aunque la terminología dentro de este curso puede ser diferente a las expresiones que ya usas, escucharás el término 'el mapa no es el territorio' que se expresa mucho en la PNL. Simplemente significa que cada persona tiene un mapa o perspectiva única de cómo ven el mundo a su alrededor y cómo opera. Si consideras que dos personas pueden enfrentar exactamente la misma situación, sin embargo la perciben de manera distinta debido a sus propias experiencias y aprendizajes personales, esto sería su mapa personal.

No hay nada raro, ni mágico acerca de la PNL. No agitas una varita mágica y la PNL no puede cambiar el mundo que te rodea. Lo que puede hacer y hace de manera efectiva, es ayudarte a cambiar la forma en que observas personalmente y, a fin de cuentas, percibes tu mundo. De esta manera, te ofrece la posibilidad de construir un mapa nuevo con muchos más detalles que puede ser mucho más efectivo para la vida diaria. De igual manera, te ofrece una comprensión de los patrones comportamentales que los demás pueden usar así puedes conectar con ellos.

Mucha gente que aprende PNL comienza a darse cuenta que las comunicaciones fallidas son a menudo un resultado de su inhabilidad para notar o apreciar los puntos de vista de los demás. Creen únicamente en su propia realidad, la cual puede ser correcta o defectuosa, dependiendo de sus experiencias de vida. Con claridad, la gente puede desarrollar un mapa nuevo y donde los aspectos no son del todo acertados, adaptarse, simplemente cambiando su manera de pensar. Así que la vida generalmente mejora. Por lo tanto, la PNL aumenta tus opciones en la vida, habilitándote a ser mucho más abierto así puedes cuestionar o hasta desafiar tus creencias.

La PNL significa optar por un abordaje positivo con la vida.

En lugar de morar individualmente con los problemas diarios, la PNL se puede usar para apoyar exitosamente el cambio. Puede ser difícil para una persona el identificar las áreas de cambio cuando están profundamente envuelto dentro de su situación. Es verdad que algunos pasan demasiado tiempo enfocándose en la negatividad, pero si la mente puede ser programada para, en su lugar, enfocarse en todo lo positivo, el cambio y los resultados positivos se pueden conseguir rápidamente.

Aunque cada generación tiene un juego totalmente nuevo de problemas para enfrentar, se puede decir de manera cierta que ningún individuo necesita mantenerse atascado en un espiral en descenso de comportamientos insalubres porque la PNL permite resultados mesurables. Por supuesto, la responsabilidad de cambiar vidas es asunto del mismo individuo. Si cuando estás leyendo este curso, estás cerrado a la idea del cambio, no maximizarás tu potencial. Es así de sencillo. De la misma manera, si estás acercándote a otros, ayudándoles a cambiar, y ellos están cerrados, no habrá progreso.

Es fácil atorarse en el camino de la autoconstrucción. Cuando tratamos de acercarnos a otros en términos de comunicación y no logramos conectarnos por completo, en lugar de repetir las mismas palabras una y otra vez, pero con el mismo énfasis, en su lugar, intenta cambiar las palabras, adapta, enmienda, y aprende a conectarte con la otra persona. Demuestra un poco de flexibilidad y prepárate para facilitar el cambio. De esta manera, podemos llegar a una persona con mucha más facilidad.

Hay muchas suposiciones libres en la PNL, una de las más comunes es el siguiente dicho:

'El mapa no es el territorio'

Esto simplemente significa la manera en que experimentas el mucho que te rodea a través de tus sentidos. Esto se convierte en el territorio, específicamente tu territorio. Entonces tus experiencias (territorio) son entonces pasados a través de los filtros mentales que incluyen tus creencias, experiencias de vida y, por supuesto, tus valores y entonces haces una representación interna de esto, que se convierte en el mapa. Esto se vuelve tu sistema de guías en la vida. Estos mapas internos te representan a ti y al mundo que te rodea, lo cual significa que no habrá dos mapas idénticos aún si dos personas perciben los mismos alrededores.

Sentidos

Cada segundo de cada día tus sentidos son bombardeados con millones de informaciones. Por supuesto, la mente consciente no es capaz de lidiar con más de un puñado de estos estímulos externos con mucha de la información siendo filtrada. Este filtro es influenciado por tus recuerdos, decisiones tomadas, experiencias, creencias y valores y además incluirá experiencias culturales. Puedes estudiar esto tú mismo al pararte frente a una escena (de tu elección) con otra persona y para que ambos describan sus observaciones. Asegúrate de que ambos describan el mismo aspecto de la vista, pero aun así, te puede sorprender descubrir que ambas descripciones son diferentes y si ambos lo revisan seguirá siendo así debido a las experiencias de vida personal.

'No hay fracaso, solo retroalimentación.'

Esta es otra de las pre-suposiciones de la PNL. Es claramente una manera muy poderosa de vivir la vida. Esto es porque todos cometemos errores en la vida, malas decisiones o somos afectados al reaccionar a los cambios de una manera no muy positiva. En la PNL, la pre-suposición nos enseña que no tendríamos que ser sometidos por ningún resultado sin garantía, o a culparnos, en su lugar, tomamos la ruta positiva en la vida y comenzamos de nuevo.

No cabe duda que la gente por lo general se preocupa demasiado por sus fracasos y cuando esto ocurre, la gente se mantiene atrapada al enfocarse en los aspectos negativos de la experiencia, en lugar de considerar la retroalimentación o evaluar la situación como siendo un resultado posible, moviéndose hacia delante al descubrir nuevas posibilidades y utilizándolas. Todos nos enfrentamos al fracaso de vez en cuando y puedes usar la pre-suposición para en su lugar encontrar las oportunidades de crecer.

Aquí hay una manera excelente de hacer justamente esto:

- ¿Qué estoy tratando de lograr?
- ¿Qué he logrado hasta ahora?
- ¿Qué retroalimentación (si hubiere) he recibido?
- ¿Qué lecciones puedo aprender de esto?
- ¿Cómo puedo convertir las lecciones aprendidas en un uso práctico?
- ¿Cómo puedo medir mi éxito?

'El significado de la comunicación es la respuesta que se obtiene.'

Esta pre-suposición simplemente significa que el éxito de cualquier comunicación es dependiente de si el oyente percibe el mensaje pero esto no significa percibirlo de una manera que se combine con tu intención como el orador. Es una pre-suposición poderosa y por lo tanto pone responsabilidad de las comunicaciones contigo. Para aclarar, si alguien más malinterpreta lo que estás diciendo, es tu decisión tomar el abordaje flexible o identificar esto y asegurarte de comunicarte de manera diferente ya sea a través de palabras o comportamientos. Esto previene que le pongas la culpa a alguien más, algo que hacemos demasiado a menudo. Si estás inseguro de si el mensaje se entendió, puedes pedir aclaraciones. Este abordaje puede evitar muchos malentendidos.

'Si lo que haces no funciona, haz otra cosa.'

Una presuposición simple, pero efectiva. ¿Qué tan a menudo seguimos de la misma manera, diciendo o haciendo la misma cosa, esperando que algo cambie? Simplemente necesitamos cambiar el comportamiento cuando las cosas no están funcionando. Puede no ser fácil pero es mucho más efectivo que solo esperar que la situación cambie por sí sola, o esperar que otros cambien en su lugar. Cuando cambias las cosas tú mismo, luchas hacia un mayor control en la vida.

Es demasiado fácil estresarse y preocuparse acerca de una discusión que podamos haber tenido, ya sea con una pareja, amigo, o hasta un compañero de trabajo. Cerramos nuestras comunicaciones y, en su lugar, a veces nos complacemos con diálogos internos negativos que no nos satisfacen y que son insalubres. Para peor, podemos complacernos in comportamientos malhumorados. Hacemos esto en lugar de abrirnos a comunicaciones futuras positivas – preguntándonos si no podemos haber sido malinterpretados.

'Es imposible no comunicarse.'

Otra pre-suposición de la PNL que es eficiente. Te ayuda a estar totalmente consciente de los mensajes que envías – aunque sea sin intenciones. A veces en situaciones tensas, nos damos cuenta de los mensajes subliminales que se están transmitiendo – el lenguaje corporal, por ejemplo, en lugar de demostrar nuestros pensamientos y sentimientos con palabras. Demasiado a menudo intentamos leer la mente del otro, en lugar de discutir y descubrir de manera cierta.

'Los individuos tienen todos los recursos que necesitan para conseguir los resultados deseados.'

Esta pre-suposición simplemente significa que realmente tenemos todo lo que necesitamos para crecer en un nivel personal. Si queremos lograr algo, podemos. Incluso cuando miras tu propia vida y sientes que no tienes disponibles los recursos necesarios, aun tienes el potencial de cambiar. Si miras tus recursos internos – esto está relacionado con cambiar comportamientos de cómo abordas tus metas. Los recursos externos pueden significar comenzar un curso nuevo o adquirir una habilidad nueva – una que será necesaria para ayudarte a lograr tu meta final. Siempre hay maneras de provocar el cambio y lograr tus metas.

'La gente es mucho más que su comportamiento.'

Cuando alguien se comporta de manera inadecuada, eso no los convierte en una mala persona según los criterios de la PNL, esto es porque es importante separar al comportamiento del individuo. Puede haber una razón por la cual alguien actuó de una manera específica. Con respecto a comportamientos, hay maneras distintas de funcionar:

- Entorno
- Propósito
- Identidad
- Capacidades y Habilidades
- Comportamiento
- Valores y Creencias

Al trabajar en y cambiar cualquiera de los aspectos nombrados, puede ocurrir el auto-desarrollo.

Cada pensamiento – hasta el pensamiento más dañino, tendrá un impacto directo en tu cuerpo. Las investigaciones indican que la emoción impacta en un nivel celular, así que hay una fuerte conexión entre la mente y el cuerpo. Tu cerebro se comunica a través de neurotransmisores (químicos que transmiten impulsos). Esto significa que los pensamientos o emociones más dañinos llegarán a las células en tu cuerpo, así que no es una sorpresa que ocurra la mala salud. Más investigaciones ahora lo llevan un paso más allá en que estos neurotransmisores también pueden ser producidos por tus órganos internos, así que los pensamientos dañinos realmente pueden 'sentirse' en todas las áreas del cuerpo.

Módulo Uno

Tareas de Autoevaluación

Tarea:

¿Qué significa PNL?

Tarea:

Di los nombres de los dos hombres esenciales para la creación de la PNL.

Tarea:

¿Qué significa que el mapa no es el territorio?

Tarea:

¿Qué significa 'resultados'?

Tarea:

¿Qué significa la presuposición 'No puedes no comunicar'?

Tarea:

¿Qué quieres lograr con la PNL? Toma nota de tus intenciones.

Por favor ten en cuenta que estas tareas de autoevaluación son para asegurar tu entendimiento de la información dentro de cada módulo. Como tal, no las envíes para ser revisadas por la KEW Training Academy.

Módulo Dos

Dirigiendo tu Vida

Entonces, ¿quién realmente está a cargo de tu vida? ¿Tú? O quizás sientes que estás a la merced del destino, o de tu ambiente. Las buenas noticias son de que estás a cargo de tu vida aunque parezca dudoso de a momentos. En el correr de este curso, mantén esta comprensión firmemente en tu mente ya que esto facilitará el cambio.

Hemos mencionado que tus pensamientos y sentimientos tienen un impacto directo en tu salud y bienestar y por lo tanto, si consideras que esa negatividad puede causar daño, simplemente imagina qué puede hacer la positividad. La mente inconsciente es muy poderosa, controla el manejo diario de tu cuerpo y también tiene un impacto en todos tus éxitos en la vida.

Puedes creer que tomas decisiones conscientes pero después a menudo el resultado es totalmente distinto a lo imaginado. A veces, esto pasa por culpa del miedo. Asumamos que has tomado la decisión de lograr una meta específica, pero, ¿qué pasa si tu mente inconsciente siente otra cosa? Puede trabajar en tu contra, frustrando cualquier probabilidad de que logres estas metas. Por contraste, simplemente imagina qué podría ser posible si tu mente inconsciente y tu mente consciente trabajan en la misma dirección. Para poder unificar estos componentes, es importante entender cómo trabajan y la fuerza de cada uno.

Desglosemos eso un poco:

Cuando utilizas tu mente consciente, estás atento a todo a tu alrededor en ese momento. Considera a la mente consciente como la punta del iceberg, mientras la mente inconsciente forma la parte más grande del iceberg – mucha de la cual está sumergida bajo agua. La mente inconsciente participa en un nivel más intuitivo o emocional, mientras que tu mente consciente se enfoca en estas tareas lógicas y prácticas. Explorar tu mente consciente puede ser altamente beneficioso.

Vale la pena notar que la mente inconsciente es incapaz de procesar negativos, así que puede jugar en tu contra si no tienes cuidado.

Por ejemplo:

Imagina que has sufrido una separación romántica difícil y dolorosa y después, puedes haber dicho que no quieres estar solo. La mente sub-consciente no logra enfocarse en los aspectos negativos de esa oración, o sea, 'no quiero estar...' y en su lugar, el enfoque está en la palabra '...solo.' Esto entonces se traduce como la meta. Aunque esté lejos del deseo real. Puedes ver con esto que es fundamental que digas tus metas de una manera positiva, entonces, en lugar de decir 'no quiero estar solo', tienes que darlo vuelta, creando afirmaciones que sean completamente positivas en su naturaleza, como ser 'quiero estar en una buena relación'. Tienes que dirigir a tu mente inconsciente porque sin un enfoque y dirección, puede ser culpable de crear comportamientos destructivos.

Consejo:

Cuando trates con metas, siempre considera el efecto de la mente inconsciente.

Si quieres comenzar a dirigir la mente inconsciente, es importante crear y después abrir los canales de comunicación que sirvan a la mente consciente e inconsciente. Esto significa desarrollando el nexo entre las dos. Esto puede sonar desafiante, pero no es tan difícil como puedes creer. Puedes hacerlo al practicar técnicas de relajación o meditación y al recordar y luego examinar recuerdos que se te hayan presentado. Recuerda que la mente inconsciente sirve para suprimir recuerdos que pueden haber estado cargados de emociones sin resolver o negativas, pero puede ser usada para recordar cualquier recuerdo enterrado que puede ser extremadamente útil si deseas liberar y aliviar cualquier emoción atrapada.

Desafortunadamente, no siempre elige los mejores momentos para hacerlo. Es por esto que a veces emociones hace tiempo olvidadas y complicadas pueden resurgir repentinamente y parecer abrumadoras. A tu mente inconsciente le gusta la idea de nuevas posibilidades por lo tanto prosperará con el potencial de nuevas experiencias. Sin esta alimentación constante, puede encontrar maneras destructivas de trabajar. Piensa en tu mente inconsciente como el guardián de tu código moral. Esto puede sonar como algo positivo, pero también puede jugar en tu contra, inclusive decidiendo si debes sentirte culpable o ser castigado. Afortunadamente, la mente inconsciente puede también apoyar comportamientos que en última instancia crean experiencias positivas en tu vida. El cerebro es un sujeto fascinante y complejo, con 80 mil millones de células y estas son capaces de hacer 10 mil conexiones. Cuanto más aprendes acerca de él, mayor es tu potencial de forjar nuevas maneras de ser.

Miremos a las tres etapas enormemente importantes del cerebro dentro de la evolución humana:

Cerebro reptiliano

Es la parte integral del cerebro que existía en el nacimiento y que continuaría si el cerebro se dañara alguna vez. Entonces, en esencia, este mantiene todos los reflejos físicos necesarios (como respirar) funcionando para sobrevivir.

Cerebro límbico

Este es el sistema de activación reticular y la amígdala, los cuales supervisan las respuestas emocionales. Esta parte de tu cerebro se conoce como el elemento emocional instintivo.

Cerebro cognitivo

La parte cognitiva del cerebro, o sea, la corteza prefrontal, supervisa toda la planificación y toma de decisiones, incluye relaciones o asesoramiento de riesgos. Se conoce como la parte inteligente, la cual utiliza las otras partes del cerebro como un todo.

El cerebro hace tiempo ya se considera que está pre-programado y que es imposible cambiarlo. Sin embargo, las investigaciones ahora indican que esto no es cierto. Los practicantes de PNL hace tiempo creen que este es el caso y que puede ser cambiado o desarrollado como sea necesario. Esto forma una parte importante de la filosofía de la PNL.

Módulo Dos

Tareas de Autoevaluación

Tarea:

¿Cómo puede jugarte en contra la mente inconsciente?

Tarea:

El cerebro está pre-programado así que el cambio es imposible. Verdadero o falso.

Tarea:

¿Qué es el cerebro reptiliano?

Por favor ten en cuenta que estas tareas de autoevaluación son para asegurar tu entendimiento de la información dentro de cada módulo. Como tal, no las envíes para ser revisadas por la KEW Training Academy.

Módulo Tres

Toma Control

Tus recuerdos pueden ser un activo positivo pero también pueden traer emociones dolorosas, algunas de las cuales pueden aun estar sin resolver. A menudo enterramos nuestras emociones y recuerdos ya que el potencial de resolver asuntos puede ser demasiado con lo cual lidiar, en especial si se enfrenta con una situación traumática. Las emociones enterradas, por supuesto, no son sanas. Los recuerdos se manifiestan como sentimientos, sonidos, e imágenes y algunos pueden ser increíblemente fuertes y hasta abrumadores.

Cuando aprendes a controlar los recuerdos, puedes elegir cómo experimentarlas, aumentando aquellas que son positivas, pero reduciendo el impacto de cualquier negativa. Esto es un área de la PNL que atrae, es importante practicar el siguiente ejercicio donde citas un recuerdo – uno que sea de naturaleza positiva, y allí aprendes cómo manipularlo. Para un máximo impacto, intenta hacer esto con distintos recuerdos hasta que te vuelvas completamente adepto con la técnica.

Tarea:

Imagina un momento en tu pasado en el que te hayas sentido completamente contento. Haz un acercamiento a un momento clave dentro del recuerdo, piensa en cómo te sentiste, nota cualquier sonido que hayas escuchado, y trata de mirar todo a tu alrededor. El recuerdo puede surgir como una imagen, si lo hace, trata de acercarla a ti así puedes observarte dentro de la imagen. Haz que la imagen sea tan brillante y colorida como puedas. Sintonízate con cualquier sonido dentro del recuerdo. Intenta volverlos más fuertes, o, en su lugar, reduce el volumen si los sonidos provocan sentimientos negativos fuertes. Donde los sentimientos son positivos, intenta aumentarlos. Sintonízate con las sensaciones físicas. Aumenta las sensaciones físicas a tu voluntad.

Este es un ejercicio excelente que te permite controlar tus experiencias pasadas. Puedes editar y aumentar la estructura de los recuerdos citados y también puedes reducir el impacto de cualquier experiencia negativa. Puede tomar algo de tiempo obtener el control completo de esta manera y, por lo tanto, la práctica es esencial.

Si bien citar recuerdos positivos es una manera útil con la cual aprender cómo manipular o aprender de ellas, no todos los recuerdos serán positivos. El aprender a controlar cualquier recuerdo que sea difícil por naturaleza, todavía es importante, y es posible cambiar aspectos de esos recuerdos desagradables, posiblemente distanciándote del impacto emocional o incluso reorganizando sus atributos. De esta manera, puedes liberar cualquier emoción negativa con seguridad, así las experiencias pasadas no te retienen en la vida o manchan tu futuro.

Tarea:

Hasta que no seas un experto en esta técnica, sugerimos usar un recuerdo que no sea demasiado doloroso o difícil. Puedes gradualmente aumentar el contenido emocional a medida que te vuelvas más confiado con esta técnica. Comienza por seleccionar un recuerdo. Ten en cuenta que puede surgir en un formato de sonido, como una imagen, o simplemente como una ola de emociones. Ingresa a este recuerdo y obsérvalos de una manera observadora. Si esto te resulta demasiado difícil, da un paso atrás y, en su lugar, imagina que estás grabando la escena en lugar de efectivamente interpretando el recuerdo. Esto te proporciona una distancia segura si no estás acostumbrado a enfrentar recuerdos emotivos.

Controla el volumen, reduciéndolo o cambiando el todo de quien sea que estuviera hablando. Si la experiencia se vuelve dolorosa, como ser que alguien estuviera llorando y la escena se vuelve intensa, reduce el volumen. Si el recuerdo se vuelve volátil, quizás recuerdas algo que inunda tus sentidos – un momento en el cual alguien es verbalmente desagradable, cambia el sonido de su voz – hazla más fuerte o más débil o hasta caricaturesca ya que esto asegurará que tenga menos impacto en tu ser.

En lugar de hacer la imagen o la escena más grande, esta vez, haz que la experiencia sea más pequeña, remuévele color así la miras en blanco y negro, da un paso atrás o mueve la escena así está más lejos de ti. Si quieres lidiar con este recuerdo, puedes imaginarte destrozando el recuerdo, reduciéndolo en tamaño, o visualizando rompiendo eslabones en la cadena así destruye cualquier agarre que tenga sobre ti. Ten en cuenta que aunque intentes destruir el recuerdo de esta manera, seguirá siendo parte de tus recuerdos, pero reducirá cualquier impacto negativo que tenga sobre ti.

Acciones

Somos tan buenos echándole culpa a otros en la vida – a menudo reacios a tomar responsabilidad por nuestras propias acciones pero, cuando las acciones influencian los comportamientos de los demás, sin que siquiera nos demos cuenta de esto, la consciencia se vuelve vital. Piensa en esto: a veces, un individuo puede respondernos de una manera poco amigable, pueden ser fríamente reservados o distantes y esto puede no ser que sean desagradables naturalmente pero como nos hemos comportado 'sin querer' de manera fría o distante hacia ellos. Si es este el caso, no es sorpresa que actúen de manera menos agradable.

Puedes no darte cuenta cuando proyectas este tipo de sentimientos de manera externa. Ocurre si nos volvemos tan atrapados en nuestros problemas que somos menos conscientes de todos los que nos rodean. Nos sentimos estresados, nos internalizamos y no logramos darnos cuenta de cómo proyectamos externamente hacia los demás. Nos sorprendemos con la percepción de los demás. Cuando proyectamos positividad hacia los demás, las chances son que esa misma gente nos proyecte lo mismo de regreso. Seguramente los sistemas de creencias determinan las actitudes de los demás, así como determinan el comportamiento individual. Si piensas en el pasado, en el módulo anterior, donde discutimos la percepción, recuerda que forma creencias. Así que las percepciones defectuosas llevan a creencias defectuosas y entonces, acciones insalubres.

Es demasiado fácil asumir las intenciones de los demás. Podemos tomar conclusiones apresuradas o sentirnos inseguros acerca de sus intenciones y demasiado a menudo, las conclusiones pueden ser incorrectas. Basamos nuestras asunciones en nuestras experiencias personales o creencias y, sí, pueden ser defectuosas. Si examinas cualquier evidencia para apoyar lo que has asumido, debes mirar los comportamientos tuyos y de ellos, los cuales pueden parecer negativos, pero en realidad, pueden estar basados en cómo se siente el individuo en ese momento.

A menudo somos intolerantes cuando se trata de juzgar a quienes nos rodean y por lo tanto, no es de sorprenderse que cualquier conclusión concerniente a la intención puede ser tomada de manera incorrecta. ¿Cuántas veces has asumido automáticamente lo peor? Es parte de la condición humana el asumir cosas, pero no significa que sean verdad, simplemente porque creamos que lo son. De la misma manera, las expectativas pueden determinar la actitud y la actitud determina el comportamiento y puede dar lugar a una respuesta similar.

El juego de las culpas

¿Participas en el juego de las culpas? Cuando las cosas salen mal, ¿has culpado a los que te rodean en lugar de encarar la realidad de que eres responsable de tu propio destino? Es importante recordar que cuando culpas a alguien más, todo lo que estás haciendo es dándole tu poder a ese individuo. De igual manera, significa que adoptas el papel de víctima y ese no es un buen lugar para estar.

Puede que hayas escuchado de encuadrar en los términos de PNL y simplemente significa que cuando te enfocas en algo en particular, lo encuadras. Pongamos esto en un contexto. Tienes una caldera defectuosa en tu casa, y fondos insuficientes para arreglarla. Entonces, es un problema grande e inmediatamente te pones en el 'marco de problemas.' Si la situación se ha empeorado – por ejemplo tu pareja tiene deudas crecientes de apuestas, esto lleva a que culpes a tu pareja – con o sin razón, pero ahora te has puesto en el 'marco de culpas.' Ambos están vinculados.

Ten en cuenta que hay limitaciones al culpar a los demás. Cuando re-enmarcas la experiencia entera, comienzas a escapar de estos patrones limitantes del pensamiento.

Si deseas aumentar el progreso positivo en tu propia vida, es importante que tomes los pasos necesarios para alejarte del marco de problemas y, en su lugar, tomes acciones positivas. Mucha gente se atasca en el marco de problemas y, seamos claros aquí, es fácil hacerlo. Es difícil sacarle la emoción a una situación particular, pero si puedes usar un abordaje analítico en cualquier acción o problema previo, es posible encontrar la causa y hasta remedio para problemas similares en el futuro. Puede ser algo tan sencillo como una falta de comunicación o un error de proceso, pero tiene poco sentido enfocar toda tu atención en el problema real si no vas a buscar una solución. Entonces, culpamos a otros o nos ponemos en modo víctima y continuamos pensando '¿por qué yo?' Si nos enfocamos continuamente en el POR QUÉ, a menudo damos vueltas en círculos sin resolver el asunto.

Considera lo siguiente:

- ¿Cuál es el problema?
- ¿Cuánto hace que existe el problema?
- ¿A quién culpas por este problema?
- ¿Por qué ha ocurrido este problema?
- ¿Por qué no has hecho algo para resolver este problema?

Si no eres cuidadoso, te vuelves tan enredado dentro del problema, que no puedes ver ni la más mínima solución. Si te envuelves tanto en el por qué y quién, simplemente te hace analizar más el problema. Es mucho mejor considerar un abordaje alternativo al considerar lo que quieres lograr. Esto te permite:

- Moverte hacia delante de una manera más productiva
- Considerar el resultado final en su totalidad

- Contemplar cualquier éxito pasado y usarlo como un modelo de allí en más
- Buscar soluciones de los demás y, donde sea necesario, emular cualquier estrategia

La próxima vez que te enfrentes a un problema, considera que al quedarte dentro del marco, no solo estás alimentando energía injustificada de nuevo al marco en lugar de crear una solución, o sea, una manera de librarse de las barreras del marco al dirigir la energía hacia una solución. El truco para cambiar la mentalidad aquí es considerar si estás quedando atrapado dentro de la emoción en un sentido negativo. La claridad es importante.

Marco de resultados

Este es un proceso constructivo que te permite pensar de manera distinta acerca de tus problemas e identificar y luego enfocarse en un sentido positivo en todo lo que quieres lograr. Si combinas esto con establecer metas y monitorear cada paso que das, puedes asegurarte de llegar a tu meta. Si puedes considerar qué lecciones necesitas aprender en el correr de este proceso, tomarás una postura más proactiva. A veces la respuesta te llega inmediatamente, y otras veces, tienes que trabajar un poco más para rectificar tu situación. A menudo el cambio progresivo ocurre porque has parado de agregarle energía emocional adicional al problema.

Hemos mencionado previamente que el cerebro puede jugarte a favor o en contra. Piensa en él como una máquina que constantemente necesita que la aceite, o sea, debes mantener tus procesos mentales funcionales y mantenerte aprendiendo. Cuando tu cerebro no está ocupado, es demasiado fácil que comience a fijarse en lo negativo en la vida. Cuando estás consciente de esto, puedes redirigir tu cerebro hacia metas más productivas, por lo tanto, manteniéndolo ocupado y fuera de travesuras.

Si estás tratando de hacer cambios positivos en tu vida y lograr todas tus metas, asegúrate de identificar exactamente lo que quieres. Demasiado a menudo, no pensamos en los términos de esos peldaños tan importantes que llevan hacia el resultado final. Tenemos una meta final sin definir, por ejemplo, queremos tener mucho dinero, pero para el cerebro, este mensaje es confuso. ¿Cuánto dinero es mucho dinero?

Adicionalmente, es demasiado fácil envolverse en un enfoque difuso en el que gastas demasiada energía en evitar resultados indeseados. Hasta que no sepas exactamente hacia qué estás luchando, no lograrás conseguir el éxito. Puedes usar técnicas de visualización para ayudarte a descubrir lo que realmente quieres en tu propio futuro.

Tarea:

Imagina que ahora estás retirado y tus nietos quieren saber todo acerca de tu vida. ¿Qué quieres contarles? ¿Quieres contarles que nunca realmente lograste tus metas o potencial total? ¿O quieres decirles que todo es posible si lo identifican y trabajan hacia ello? Como parte de tu tarea contempla seriamente cuál es el resultado por el cual estás luchando. ¿Qué sueñas con lograr? Cuando hayas visualizado esto, siéntate y escribe una lista de todas las cosas a las que te gustaría apuntar y lograr. Puedes incluir cosas materiales, como ser un auto lindo, o puedes sentir que tus metas de negocios toman precedencia en el momento. Es totalmente decisión tuya lo que escribas, siempre y cuando lo escribas con claridad y convicción.

Re-enmarcar

Aunque pueda ser mucho para asimilar, vale la pena mencionar el re-enmarcado aquí porque esta es una excelente herramienta para ayudarte a mirar hacia atrás a cualquier error que hayas cometido y a congelar un momento en tu mente. Es eficiente porque puedes ver una escena como si observaras una película, y correr la situación de a un marco a la vez. Entonces, cuando llegas al momento en el que crees que has cometido un error, congelas el marco y consideras qué opciones puedes elegir de allí en más. Esto previene que cometas los mismos errores de nuevo.

En los negocios usamos las metas SMART ('inteligente' en inglés):

- S – Específicas
- M – Mesurables
- A – Orientadas a la acción
- R – Realistas
- T – Específicas en el tiempo

Esto funciona muy bien dentro de la PNL ya que también aumenta el potencial de metas SMART porque cuando estás diseñando estos resultados, también estás sincronizando todos tus sentidos y por lo tanto, eres capaz de editar las metas así se vuelven más que SMART.

Considera todos los resultados que quieres lograr, escribe una lista detallada, y entonces trabaja a través de las siguientes preguntas para asegurar que tus metas te sirven:

- ¿Tus metas están escritas de una manera positiva?
- ¿Cada meta es creada, mantenida, y dentro de tu control actual?
- ¿Cada meta describe el procedimiento de evidencia?
- ¿Cada meta está claramente definida?
- ¿Cada una de las metas identifica los recursos requeridos?
- ¿La meta claramente identifica el primer peldaño?

Aunque se explican solas bastante bien, miremos todas en un poco más de detalle. La primera declaración se trata de por qué estás luchando. Esto significa que tener una meta poco clara como 'quiero perder peso,' o 'quiero tener más dinero,' no es suficiente porque no estás diciendo cuánto peso quieres perder, o cuánto dinero más necesitas. Recuerda que si no escribes tu meta de una manera positiva, puede afectar de manera adversa al resultado.

En otras palabras, abstente de decir 'no quiero' y en su lugar enfócate la intención en lo que realmente sí quieres. Es demasiado fácil permitir que las creencias limitantes o negativas se metan en el camino de un enfoque positivo y puedes incluso estar cuestionando si mereces el éxito y la felicidad en general. Sin embargo, obtendrás resultados mucho mejores si abordas cualquier asunto sin resolver e inconsciente que puede estar afectando tus emociones antes de que progreses con esto.

También puedes considerar el mindfulness (la consciencia) como una manera de ayudarte a reducir el impacto del estrés y para ayudarte a mantenerte en el momento. El mindfulness, aunque es una palabra común en los términos actuales, puede ser una adición tan positiva en tu vida, ya que puede ayudarte a apreciar hasta los más sencillos placeres. También puede ayudarte a manejar tus emociones y puede hasta cambiar la estructura del cerebro. Las investigaciones han descubierto que el área dentro del cerebro relacionada con el miedo o con el estrés, o sea, la amígdala, se reduce. De hecho, por contraste, el área vinculada con la toma de decisiones o concentración, como ser la corteza prefrontal, aumenta.

Cuando hayas trabajado en la primera pregunta, considera las razones para desear cambiar. Si usamos la pérdida de peso como una meta, y has iniciado esta meta por tu cuenta (y no es que alguien te está empujando hacia el cambio) tendrás una oportunidad mucho más grande de tener éxito que si has sido impulsado a hacerlo.

Considera: ¿Estás creando la meta porque cumple con tus necesidades, o porque el resultado le es importante a alguien más?

La tercera pregunta es asegurar que tu meta describa el procedimiento de evidencia y esto simplemente significa cómo sabrás cuando hayas logrado tu meta.

Puedes guiar tu viaje al usar las siguientes preguntas:

- ¿Cómo sabré si estoy logrando el resultado deseado?
- ¿Qué necesitaré para lograrlo?
- ¿Cómo me sentiré cuando haya cumplido la meta?

La siguiente pregunta es si la meta está claramente definida y esto necesita ser respondido si deseas saber exactamente cómo lograr tu meta final. Esto significa definir e identificar los pasos necesarios que deben ser tomados y completados antes de que puedas lograr el éxito. Tus metas deben además identificar los recursos necesarios y por lo tanto debes cuestionar qué recursos tienes en el momento y cualquier recurso que sea necesario para lograr cumplir tu meta. También deberías de considerar si tienes alguna evidencia de lograr este tipo de metas previamente y qué pasará si actúas como si los recursos ya fueran tuyos.

Este último punto puede sonar un tanto como desear tener un resultado favorable, pero se ha comprobado que si comienzas a actuar como si tuvieras todos los recursos necesarios a mano, te ayudará a identificar y luego alterar cualquier creencia que pueda ser responsable por retenerte. También te permite realmente 'probar el resultado final' al experimentarlo como propio. Puedes alterar tus metas en cualquier momento que sientas necesario.

¿La meta es ecológica? En la PNL, esto simplemente es para asegurarse de que identifiques si hay intenciones ocultas o ganancias adicionales de las cuales puedes no estar del todo atento cuando crees los resultados. Los beneficios secundarios pueden ser definidos como comportamientos negativos o incluso problemáticos.

Considera lo siguiente:

- ¿Has identificado la razón real por la cual quieres esta meta?
- ¿Qué puedes perder o ganar si logras la meta?
- ¿Qué pasará si no logras tu meta?
- ¿Qué no pasará si logras tu meta?

Adicionalmente, tu primera meta o peldaño debe ser identificado por completo antes de que comiences a tomar acción. Cuando ya lo hayas hecho, se requiere acción o de lo contrario tu sueño se mantendrá como un sueño y el éxito no ocurrirá.

Siempre mantén los siguientes consejos en mente:

- Identifica y sigue el resultado – es crucial que especifiques de manera precisa todo lo que deseas
- Toma acción – esto es importante porque, a menos que hagas el esfuerzo por dar el primer paso, no lograrás nada, independientemente de lo bien definidos que estén todos los pasos
- Alerta sensorial – sintoniza tus sentidos a medida que progresas y modifica tus comportamientos y resultados si es necesario
- Flexibilidad comportamental – considera la pre-suposición de la PNL, 'dentro de las interacciones entre la gente, la persona con mayor flexibilidad del comportamiento puede controlar la interacción.' Traducido, esto simplemente significa que si tu proceso no funciona, altera tus procesos y rutas.

Módulo Tres

Tareas de Autoevaluación

Tarea:

Crea un diario que registre todas las metas potenciales.

Tarea:

Mirando las áreas clave de tu vida, prioriza sólo una o dos de estas metas inicialmente.

Tarea:

Considera una variedad de metas para cada una de las áreas elegidas; pueden ser metas a corto plazo, largo plazo o metas para la vida.

Tarea:

Escribe las metas e incluye la fecha para la cual desees completarlas.

Tarea:

Desglosa cada una de las metas en peldaños asignados como ser a diario, semanalmente, o mensualmente. Tómate el tiempo de revisar cada una de estas metas de noche antes de irte a dormir. También es útil hacer una lista de todo lo que debes hacer al día siguiente para asegurarte de que tengas éxito para lograr tus metas.

Tarea:

¿Qué es el re-encuadre?

Por favor ten en cuenta que estas tareas de autoevaluación son para asegurar tu entendimiento de la información dentro de cada módulo. Como tal, no las envíes para ser revisadas por la KEW Training Academy.

Módulo Cuatro

Comunicación

A medida que progresas en la vida, entiende que filtras información (selectivamente) de tres maneras principales, es decir, visual, auditoriamente y kinestésicamente. Puedes haber utilizado esta información con respecto al liderazgo y desarrollo, pero son importantes desde una perspectiva de la PNL. Entender la preferencia de aprendizaje de un individuo es muy importante en términos de comunicación porque podrás descubrir las mejores maneras de combinar tu lenguaje con el de ellos y esto te ayudará a ser escuchado de manera exitosa.

Miremos los siguientes estilos:

- Visual – donde alguna gente piensa y ve en imágenes claras
- Auditorio – es donde la gente elige para escuchar sonidos
- Kinestésico – es donde los individuos experimentan la alerta a través del tacto

En un nivel individual, a menudo somos una combinación de estas, aunque naturalmente tendremos una preferencia. Puedes descubrir esto por tu cuenta al notar cómo absorbes la información por lo general. ¿Te influencian más los colores y las imágenes? ¿Prefieres sentir la sensación de páginas, o sea, tener un libro frente a ti? Quizás aprendes más cuando alguien te guía durante un proceso. Aunque es bueno volverse sensible a los tres grupos, cuando te sientes bajo presión, un sentido siempre será más dominante. Al comprender tu estilo preferido de aprendizaje, es más fácil adaptar los métodos de re-entrenar tu mente o estudiar al adherirse a esto. También ayuda tu habilidad de trabajar exitosamente con los demás.

Como un ejemplo principal, quizás a menudo has tenido dificultades para absorber toda la información necesaria al leerla de un libro y encuentras que instintivamente prefieres escuchar las guías o seguir instrucciones. Por lo tanto es mucho mejor que alguien te oriente a través de un problema o proceso. La gente aprende mucho más rápido cuando entienden su propio estilo natural de aprendizaje. Esto les permite ser mucho más abiertos, curiosos y comprometidos con todo el proceso de aprendizaje. En los términos de PNL, esta manera de internalizar la información se conoce como 'sistemas representacionales' – esto también se conoce como 'las modalidades'. Si escuchas a alguien hablar de la modalidad visual, comprende que simplemente es el equivalente a alguien hablando del sistema representacional visual.

Así que miremos las sub-modalidades y estas pueden ser clasificadas como las finas distinciones hechas dentro de los sistemas representacionales. Aumentan todo lo que vemos, sentimos, oímos, olemos y saboreamos. Considéralas como los bloques más pequeños que pertenecen a nuestros pensamientos. Forman parte de la codificación relativa a nuestras experiencias sensoriales. Esto tiene sentido si piensas que una imagen – una que es brillante y colorida, agrega vitalidad a cualquier imagen y, por lo tanto, se recuerda con más claridad. Las sub-modalidades le agregan flexibilidad al pensamiento, pero también dan control sobre la experiencia en un nivel interno.

Visual: Tamaño, color, velocidad, movimiento, claridad, enfoque, contraste, perspectiva, tridimensional, chato, enmarcado, panorámico, blanco y negro, etc.

Auditivo: Ritmo, volumen, tempo, duración digital, distancia, claridad.

Kinestésico: Temperatura, intensidad, vibraciones, frecuencia, presión, textura, ubicación.

Olfativo y gustativo: Cambios de intensidad/duración, olores y sabores, desvaneciéndose al entrar y desvaneciéndose al salir.

Así que sabemos que los modos visual, auditivo, y kinestésico forman los aspectos principales de los sistemas representacionales. Por lo tanto las sub-modalidades serán las características de esos simples sistemas y como un recordatorio – para los modos visuales, miraríamos el color y brillo. En términos auditivos, miraríamos el tono. En los términos kinestésicos, sería la presión o temperatura. Si usamos palabras específicas al sentido, como ser, sentir, oler, imágenes, etc., estos se conocen como pre-dictados.

Si deseas aumentar tu entendimiento de estos estilos representacionales y comprender el estilo preferencial de quienes te rodean, tómate el tiempo de evaluar lo siguiente. Puedes sorprenderte con lo fácil que es obtener introspecciones únicas dentro de tu familia, amigos y colegas. Es cierto decir que alguna gente a menudo usará palabras específicas que se correlacionan con sus estilos preferenciales:

Visual: Puedo VER lo que quieres decir

Auditorio: Puedo ESCUCHAR lo que estás diciendo

Kinestésico: Puedo SENTIR lo que estás atravesando.

Los movimientos de los ojos son otra manera útil de obtener introspecciones:

Ojos dirigidos hacia arriba y a la derecha – visual construida

Ojos dirigidos hacia la derecha – audio construido

Ojos dirigidos hacia abajo y a la derecha – kinestésica construida

Ojos dirigidos hacia arriba y a la izquierda – visual recordada

Ojos dirigidos hacia la izquierda – audio recordado

Ojos dirigidos hacia abajo y a la izquierda – kinestésica recordada

En el correr de tus estudios de PNL, reconocerás que la gente que te rodea comunica información acerca de todo lo que ocurre – como ser sus procesamientos internos. Si sigues las pistas relevantes, podrás obtener mucha más información de ellos. Las pistas principales son la evaluación de predicados y ojos.

Como un recordatorio – los predicados son las palabras y frases que 'delatan' las pistas del estilo representacional de un individuo.

Las pistas de evaluación ocular pueden delatar mucho acerca de los pensamientos de una persona y las direcciones en las cuales miran cuando procesan información también son reveladoras.

Adicionalmente, puedes obtener información al observar los gestos, patrones de respiración, y voz de una persona.

Módulo Cuatro

Tareas de Autoevaluación

Tarea:

Calcula tu propia preferencia representacional

Tarea:

Intenta discernir las preferencias representacionales de aquellos que te rodean

Por favor ten en cuenta que estas tareas de autoevaluación son para asegurar tu entendimiento de la información dentro de cada módulo. Como tal, no las envíes para ser revisadas por la KEW Training Academy.

Módulo Cinco

El Proceso de Comunicación

Este módulo se trata de la comunicación y la importancia de tomar responsabilidad de cualquier comunicación en la cual te involucres. La PNL proporciona herramientas para la concienciación lo cual permite un mayor entendimiento de aquellos a quienes les estás hablando, dándote una introspección única de cómo reciben la información a través de sus sentidos y, por lo tanto, cómo cran una representación interna de la información.

En otras palabras, lo que están escuchando y lo que ven y sienten pueden no ser lo que estás diciendo.

En las comunicaciones, hay malentendidos a menudo. Un mensaje no ha sido considerado por completo antes de ser nombrado. Las palabras equivocadas pueden haber sido usadas, o términos que simplemente no son reconocidos de la misma manera que quieres. Entonces, al entender el proceso de pensamiento y pudiendo adaptar tus palabras y acciones así tu mensaje realmente es escuchado y entendido, te permitirá tener comunicaciones mucho más exitosas, y a recibir la respuesta deseada.

Con esto en mente, hay dos puntos importantes:

Tu intento de mensaje no es necesariamente el mensaje que se entendió. Por lo tanto, es importante que hagas que tu intención sea clara como el agua

La representación interna que se crea en consecuencia es un resultado directo de lo que estás diciendo y haciendo.

Entendiendo la comunicación

La PNL tiene su propio módulo de comunicación y es importante entender esto por completo antes de progresar. Cuando la gente se comporta de una manera específica, como ser su comportamiento externo, esto naturalmente inicia una reacción en cadena y se vuelve la respuesta interna que te hace responder de una manera específica, como ser tu comportamiento externo, el cual por supuesto entonces da lugar a una reacción en cadena dentro de la otra persona y esto se convierte en su respuesta interna. De aquí en más, este ciclo continuará.

Si esto suena confuso, simplemente piensa en ello como un efecto en cadena que provoca una respuesta de ambos individuos en una conversación.

Si miramos la respuesta interna, necesitamos estar conscientes de que consiste en el diálogo interno, imágenes y, por supuesto, sonidos. También miramos el estado interno, que equivale a los sentimientos que se experimentan en el momento. Esto se convierte en la representación interna y ocurre cuando la información se ha filtrado hacia la mente de alguien. A modo de ejemplo: Le has dado una orden directa a alguien y han filtrado las palabras, comprendido el significado y, entonces, toma lugar la representación interna.

Es por esto que debes hacer muy clara tu intención cuando te comunicas para asegurar que las representaciones internas son correctas a fin de cuentas.

Modelo de comunicación

John Grinder y Richard Bandler descubrieron durante sus investigaciones que hay tres capacidades dentro de los mejores comunicadores:

- Saben lo que quieren
- Son competentes en notar las respuestas recibidas
- Pueden modificar su comportamiento hasta que logran lo que quieren

Cabe destacar que cada individuo procesará la información recibida de una manera distinta y por supuesto, como todos somos únicos, entonces reaccionará a las situaciones de manera distinta también. Para estar seguro de este método de procesamiento, es útil entender cómo funciona el cerebro.

Se llevaron a cabo investigaciones acerca de la cantidad de información que se puede usar en la memoria a corto plazo por el Profesor George Miller, quien fue el pionero en el campo de la psicología cognitiva y psicolingüísticas. Llegó a la conclusión de que es posible que una persona retenga siete piezas de información con el potencial de un más menos dos. Entonces si el tema era particularmente interesante o la persona se sentía bien en ese momento, era posible retener nueve pedazos de información, pero tan poco como cinco pedazos si la persona no estaba interesada en el tema, o no se sentía muy bien.

Esto es porque el cerebro humano es bombardeado por millones de piezas de información a cada segundo durante el día. Es imposible lidiar con esta cantidad de información de manera efectiva y, por lo tanto, hay filtros establecidos que previenen que mucha de la información ingrese. La información que logra ingresar es luego procesada por el cerebro y se crean representaciones internas para esta información. Ten en cuenta que para cada persona, sus diferentes experiencias y luego filtros también influenciarán la manera en que estas representaciones internas de datos y eventos externos son creadas. Esto es porque utilizamos distintos componentes durante este proceso. Entonces todo el estímulo externo es convertido a representaciones internas usando tres procesos, como ser, eliminaciones, distorsiones y generalizaciones.

Eliminación

Las eliminaciones suceden cuando se presta más atención a una información que a otra. De hecho, se le puede dar tanta cantidad de enfoque a algo de la información, que no queda para enfocarse en cualquier otra, resultando en un cierre con respecto al resto.

Distorsión

Esto sucede cuando la información es malinterpretada y se crea un significado nuevo de esta situación – el cual puede o no ser acertado. La distorsión puede también significar que algo de información es eliminada.

Generalización

Una generalización sucede cuando las conclusiones son transferidas de una experiencia a otra, incluyendo eventos o usando situaciones similares como una base. Las generalizaciones son útiles porque te ayudan a construir un 'mapa cognitivo del mundo'. Te permiten construir sobre la información ya obtenida, sin tener que reinventarla todo el tiempo. Ten en cuenta que por más que sean beneficiosas, también pueden ser limitantes. Esto es porque cada individuo tendrá creencias específicas acerca de su mundo y estas son solo generalizaciones. Pueden ser eliminadas o distorsionadas y pueden volverse restrictivas. Es menos probable que aceptes o confíes en acciones que no quepan con estas concepciones preconcebidas.

Respuestas individuales

Aunque la gente sea expuesta al mismo estímulo interno, pueden recordar la situación de manera muy distinta, ya que le atribuirán significados diferentes a la experiencia. Esto nuevamente se relaciona con su mapa personal del mundo. Para aclarar – esto sucede porque la gente elimina, distorsiona, y generaliza muy diferentemente basándose en experiencias personales obtenidas, meta programas, sus valores, creencias, recuerdos, actitudes o decisiones tomadas.

Meta programas

Los meta programas son filtros. Revelan patrones comportamentales a través del lenguaje. Si los meta programas se combinan con la generalización, es posible encasillar a la gente o distorsionar o generalizar.

Valores

Cada individuo tiene un juego de valores y estos también funcionan como filtros inconscientes. Los valores en la vida se aprenden inicialmente de los padres y miembros de la familia – hasta los siete años de edad. Después de esto, se aprenden de amigos y pares. Los valores son importantes porque pueden motivar acciones, pero también pueden ser altamente limitantes y prevenir que logres tus metas.

Los valores son importantes para el individuo e influenciarán cómo eliminas, distorsionas, o generalizas la información de los estímulos recibidos. Por lo tanto, es importante notar que los valores pueden también ser contextuales y esto simplemente quiere decir que algunos valores solo aplicarán a ciertas áreas de tu vida y no a otras, inclusive su importancia cambiará dependiendo de las circunstancias. Son una manera útil de evaluar elecciones y acciones. En términos de construcción de nexos, entender y poder combinar los valores de alguien es crucial.

Creencias

No cabe duda que las creencias son realmente poderosas ya que pueden acelerar la ruta hacia el éxito o causar fracasos en la vida. Son formadas en una cantidad de maneras y puedes ni darte cuenta de cómo se formaron estas creencias, mucho menos cuestionarlas. Comienzan como elementos diminutos que se arraigan y comienzan a irritar hasta que la creencia se valida y se desarrolla con el tiempo. Podemos y debemos mirar nuestros sistemas de creencia y, en última instancia, elegir en qué queremos creer mientras tenemos una perspectiva clara.

Actitudes

Las actitudes también funcionan como un filtro inconsciente formado por creencias, opiniones, y valores. Puede ser difícil cambiar una actitud por la mente inconsciente, la cual está involucrada en la creación, y por lo tanto se prende a la actitud.

Recuerdos

Los recuerdos son importantes y proporcionan una colección rica e inmensurable de experiencias previas. También tienen mucho poder sobre el momento presente y tu futuro. Los recuerdos también determinan cómo anticipas y te comporta e inclusive cómo te comunicas con los demás. Es muy fácil que algunos recuerdos se vuelvan confusos y para que surjan emociones confusas. Es muy común para experiencias que ocurren en el aquí y ahora, que hagan surgir una cantidad de emociones previas y que el individuo comience a responder al recuerdo, en lugar del acontecimiento actual.

Decisiones

La habilidad de tomar decisiones acertadas es importante. También están vinculadas de cerca con tus recuerdos y por lo tanto, afectarán todas las áreas de la vida. La habilidad de tomar o no decisiones se llama decisiones limitantes dentro de la PNL. Muchas decisiones limitantes se forman de manera inconsciente aunque es posible desarrollarlas de muy jóvenes. Es importante poder reconocer y reevaluar cualquier decisión que pueda estar limitando tu progreso.

Comunicación efectiva

En los tiempos modernos, a menudo nos es difícil vivir. No es tanto como luchar, sino un caso de sobrevivir y, como un resultado, está el potencial de actuar de una manera poco consciente, corriendo con poca alerta de una tarea a la siguiente. Si puedes lograr una mayor atención, está el potencial de controlar tus comunicaciones con los demás, entender sus representaciones internas y filtros, y hacer que tu intención sea clara como el agua, tus comunicaciones serán mucho más efectivas.

Aunque la PNL te proporciona las herramientas para conectarte con los demás, asegúrate de trabajar desde una posición de amabilidad, ya que esto te permitirá tomar el modelo del individuo del mundo y te habilitará a crear un resultado positivo.

Consejo:

'El significado de la comunicación es la respuesta que recibes.'

Esto es importante en la PNL, es demasiado a menudo que creemos que si alguien malinterpreta nuestras comunicaciones, entonces ellos deben de tener algo malo.

Módulo Cinco

Tareas de Autoevaluación

Tarea:

¿Qué son los metaprogramas?

Tarea:

Piensa en una ocasión en la cual se te haya malentendido por completo en una conversación. ¿Qué ocurrió y por qué crees que se dio el malentendido? Re-encuadra el momento y considera qué más podrías haber hecho o dicho.

Por favor ten en cuenta que estas tareas de autoevaluación son para asegurar tu entendimiento de la información dentro de cada módulo. Como tal, no las envíes para ser revisadas por la KEW Training Academy.

Módulo Seis

Construyendo el nexo

Para muchos, la habilidad de construir el nexo es uno de los elementos más importantes de la PNL. Seguramente forma un ingrediente esencial que da lugar a la comunicación exitosa. Construir el nexo te permite crear y cultivar relaciones, forjar conexiones con gente socialmente y en un sentido de negocios y tiene que ser instintivo, lo cual quizás es el elemento más difícil para algunos. El error que algunos cometen es considerar el nexo como una técnica que se puede aprender y después simplemente aplicar a gusto, cuando es una habilidad que tendría que acompañarte constantemente.

Ya sea que deseas hacer amistades o, si necesitas que se te escuche en el ambiente laboral, necesitas establecer el nexo antes de que alguien más sea probable que lo haga. Mucha gente que recién conoce la PNL piensa que pueden simplemente sumergirse en esta técnica a voluntad, pero sin tener el profundo sentimiento de integridad que viene de 'querer' construir el nexo. Aquellos que hacen esto, a menudo parecen falsos o poco dignos de confianza.

Consejo:

La resistencia en un cliente es una señal de falta de nexo, lo cual significa que no les agradas o no has establecido suficiente nexo como para que se abran.

El nexo es importante porque se trata de hacer una conexión de dos vías. Se trata de ser capaz de participar cómodamente con alguien, independientemente de las diferencias entre ustedes. Se trata también acerca de querer escuchar a la otra persona y saber que se te está escuchando en cambio. Naturalmente queremos pasar tiempo con gente que es similar a nosotros, pero al hacer las técnicas del nexo una parte natural de la vida diaria, se puede usar como una llave para influenciar exitosamente a quienes te rodean – pero de una manera que invoca confianza e integridad. De una manera, te permite lograr lo que necesitas, pero de una manera mucho más fácil, por lo tanto aumentando el vínculo o la conexión entre otros.

En la actualidad, mucha gente lucha por lograr lo que quieren o, simplemente vivir. Pero las investigaciones indican que aquellos que pueden crear el nexo con oros tendrán una ruta mucho más fácil en la vida. Cuando te sientes cómodo construyendo el nexo, estarás más abierto, e inviertes menos energía o tiempo.

El nexo tiene que ser desarrollado de manera intuitiva. Para poder entenderlo, considera una amistad cercana. Cómo creaste y mantuviste la amistad con la otra persona, también considera qué señales le enviaste a la persona, y qué señales te enviaron a ti.

Ahora considera a alguien a quien conoces pero con quien hay muy poca conexión. Puedes desear construir el nexo entre ustedes, pero aún no ha sucedido. Considera cualquier señal que puedas estar enviándole a la persona, y las señales que estás recibiendo que sugieran que no están en la misma frecuencia. Si hay algo que te previene de crear o mantener un nexo con este individuo, ¿qué es?

Tarea:

Rápidamente piensa en la persona con la cual tienes un nexo fácil, ¿qué elementos puedes tomar de esta conexión para utilizar con la persona con la cual hay poco nexo? ¿Cómo puedes construir una relación más fuerte con ellos? Alguna gente es más fácil para llevarse, a veces simplemente es un caso de tener ideales o metas similares. O, la segunda persona puede ser más reservada o simplemente más difícil. O, puedes estar enviando señales poco amistosas.

En la PNL, la idea es que puedes ajustar tu abordaje y volverte más flexible no solo en los términos de comportamiento, sino en tus pensamientos acerca de esta persona. Simplemente al tomarte el tiempo de llegar a conocer a aquellos que te rodean y aprendiendo lo qué es importante para ellos, significa que puedes adaptar tu estilo como sea necesario. Esto funciona mejor que esperar que todos los demás se adapten a ti.

Es parte de la condición humana que queramos llegar a conocer a alguna gente mejor. Quizás hasta queramos influenciar a otros, como ser en una entrevista laboral. Como a menudo somos guiados por nuestras emociones, escribir los hechos a medida que los ves te puede ayudar a tomar un abordaje más analítico para toda la situación. También te permite pensar y revisar tus notas en una fecha posterior. Todas las relaciones – sean de negocios o sociales, tomarán tiempo en ser creadas y construir sobre ellas, y es importante recordar que el nexo es un sistema de dos vías.

Tarea:

Considera un individuo al cual realmente te gustaría llegar a conocer mejor, y completa lo siguiente:

- Nombre:
- Empresa:
- Tu relación con este individuo:
- ¿Cómo querrías que tu relación con este individuo cambiara?
- ¿Qué impacto tendría alguno de los cambios en ti?
- Considera quién ha construido un nexo exitosamente con este individuo:
- ¿Qué puedes descubrir al hablar con esta otra persona?
- ¿Qué otra ayuda o apoyo puedes obtener para construir el nexo?
- Considera cualquier idea que puedas tener para progresar esta relación:
- Escribe el primer paso:

Puede haber información limitada disponible acerca de tu individuo intentado – quizás es alguien del ambiente laboral a quien querrías llegar a conocer mejor, pero lo hallas complicado iniciar una conversación. Intenta discretamente investigar y aprender más acerca de esta persona. Puedes descubrir vínculos en común o entender más acerca de esta persona y poder alcanzarlo de manera instintiva. Usa tus notas para escribir los siguientes pasos.

En un sentido de negocios, el construir un nexo es una parte importante del proceso de networking. Lo haces naturalmente cada día cuando conoces colegas nuevos y llegas a conocerlos. Construyes el nexo con más facilidad con alguna gente que con otros y a menudo esto se reduce a similitudes entre ustedes. Pero una vez que entiendes las técnicas básicas de construir el nexo, puedes alcanzar a más gente y crear conexiones genuinas – algunas de las cuales durarán para toda la vida.

Es importante entender la construcción del nexo porque impactará en tu vida en una gran catidad de niveles.

- Tus creencias
- Tus valores
- Tus habilidades
- La manera que te ves, suenas y comportas
- Los lugares a los que vas
- La gente con quien pasas el tiempo
- Tu identidad natural
- Tu propósito

Par ayudar a aumentar tus habilidades de creación de nexos, toma nota de lo siguiente:

Es importante tener un interés real en los demás y esto significa intentar entender qué es importante para ellos. A menudo en la vida, esperamos que otros quieran entendernos, pero al cambiar tu actitud ligeramente, es más fácil forjar conexiones.

Sintonízate a las palabras o frases que use regularmente cualquier individuo. Cuando hayas entendido qué frases clave se usan consistentemente, puedes comenzar a construir el nexo al usar algunas de estas palabras clave o frases tú mismo. De una manera sutil, incorpóralas a tus conversaciones con este individuo y las primeras etapas del nexo comenzarán naturalmente. No hagas que este individuo se sienta como que está bajo una investigación intensa, pero sí toma nota de cómo manejan la información.

Ejemplo: ¿Prefieren recibir información concisa o quieren escuchar la historia completa?

Cuando hablas con este individuo, aprende a darles la información de la manera que les gusta.

Nota: Hemos mencionado la importancia de los sistemas representacionales, y es útil ver si un individuo es visual, auditorio, o kinestésico y dependiendo de sus preferencias naturales, construye términos relativos en tus conversaciones. Sincroniza tu respiración, hazlo discretamente, por supuesto, pero si notas su patrón de inhalación y exhalación, es fácil combinar tu respiración con la de ellos. Trata de determinar la intención de alguien más. Esto a menudo puede ser muy diferente a las cosas que se dicen o las acciones que se llevan a cabo. Copia el lenguaje corporal, tono de voz y hasta la velocidad del habla. Las primeras impresiones realmente cuentan. Considera cómo puedes sonarle a otra persona cuando comienzas a hablar. Si eres tímido, puede que descubras que murmuras tus palabras y en lugar de hacer contacto visual, pasas más tiempo mirando hacia el piso. O quizás eres confiado y haces contacto visual y hablas con confianza.

Consejo:

Considera que cuando estás construyendo el nexo, tú eres el mensaje, por lo tanto, tus palabras, discurso y lenguaje corporal deben trabajar en armonía.

Si estás en una reunión de ventas, y has practicado tu discurso hasta que lo dices a la perfección, puedes sonar confiado, pero para aquellos que están asistiendo, pueden detectar una falta de confianza de tu parte. Haces pequeños gestos nerviosos; tienes dificultades para recordar información, o el contacto visual es mínimo. Todos estos aspectos revelarán mucho acerca de ti. El nexo significa presentar el paquete completo, conectándose en su frecuencia. No siempre se trata de lo que dices, sino cómo lo dices. El nexo no significa automáticamente estar de acuerdo con el otro. Cuando el nexo está presente, puedes estar en desacuerdo, pero puedes igual seguir siendo perfectamente respetuoso. Es más importante reconocer los puntos de vista de los demás, incluso cuando no los apoyas. Tener una opinión distinta a la de otro, no significa que el nexo se perderá. Puede fortalecerlo.

Mirroring e igualación

¿Alguna vez has observado a dos personas que tienen un nexo muy obvio, qué pasa cuando hablan?

Incluso si no puedes escuchar los detalles de la conversación, puedes ver que sus interacciones son rítmicas y esto es porque naturalmente se sintonizarán con el otro. Hay una unisonancia entre su lenguaje corporal y su comunicación. En los términos de la PNL, esta habilidad se conoce como mirror ('espejo' en inglés) e igualación, idealmente es instintivo, pero se puede usar por gusto para asistir los esfuerzos de creación del nexo.

También puedes hacer mirroring e igualar los estilos comportamentales de otro, así como su valores o creencias. Una persona puede moverse hacia delante, inclinándose, y la otra persona hace lo mismo. Acto seguido, alguien puede levantar su mano y alejar su pelo de su cara, y la otra persona hace lo mismo. Es una mímica natural pero no es hecha conscientemente. Pero en la PNL, estos movimientos sutiles se realizan de forma consciente.

Mientras no apoyamos usar las habilidades con la intención de engañar a alguien, el mirror e igualación ciertamente puede ser útil en un sentido de negocios cuando hay una fuerte necesidad de poder forjar conexiones rápida y efectivamente, en especial en ventas o en entrevistas laborales.

El mirror e igualación son simplemente técnicas que te permiten volverte completamente a tono con la manera de pensar de otro. Simplemente necesitas escuchar y naturalmente reflejar. Si una conversación que te involucra a ti y a un amigo fue grabada, claramente verías la calma natural de la comunicación y el vínculo entre ustedes. Es muy obvio cuando dos personas están conectadas. En la PNL, es posible crear este efecto de mirror e igualación el cual crea rápidamente los cimientos del nexo. Entonces tienes que construir sobre él hasta que se vuelva instintivo. Puedes probarlo al considerar lo siguiente:

- Los gestos del individuo
- La postura del individuo
- La respiración del individuo
- La voz, el tono y la velocidad del habla del individuo
- El ritmo de movimiento del individuo y sus niveles de energía

Sé muy cuidadoso al usar el sistema de mirror e igualación. Requiere un abordaje sutil o de lo contrario podría sonar como que estás siendo poco sincero o, peor aún, que estás burlándote del individuo.

Marcar el paso

Además del mirroring e igualación, la PNL usa el marcado de paso para ayudar a forjar conexiones. Si estás intentando conectarte con otros o influenciarlos, tienes que 'marcarles el paso' primero. Esto requiere que realmente los escuches, así entiendes quién es esta persona. Esta técnica requiere paciencia durante este proceso de escucha y aprendizaje.

En los términos de la PNL, prestarle atención especial al paso es vital antes de que comiences a liderar. Si tus habildiades de escucha están menos pulidas, es el momento de practicarlas porque la escucha activa es sumamente importante. Si has trabajado en una gran empresa por un período de tiempo, sin dudas habrás visto muchos cambios. Puedes no haberte dado cuenta, pero muchas empresas exitosas usan técnicas de PNL para ayudar a introducir cambios – en especial cambios no deseados. Esto es porque la gente generalmente no está dispuesta a adaptarse a o aceptar los cambios a menos que se les haya escuchado y su punto de vista es reconocido. Si tu empresa tiene líderes efectivos, habrán marcado el paso de la realidad de la experiencia de sus empleados antes que nada.

Adicionalmente, si alguna vez has observado a vendedores exitosos en el trabajo, verás que habrán realmente dominado el arte de marcarles el paso a su clientes ya demostrarán un interés genuino y habrán perfeccionado la escucha activa, asegurándose de que entienden exactamente qué es lo que busca su cliente. Más importantemente, no intentan vender hasta que hayan logrado esto. Esto es porque a la gente generalmente no les gusta que se les imponga una venta, pero a todos nos gusta tener a alguien que escuche con interés.

Es más fácil construir el nexo cuando hayas entendido lo básico de las técnicas necesarias y te hayas vuelto un experto en utilizar las habilidades en las situaciones cara a cara. Pero es importante también ser capaz de desarrollar el nexo por teléfono o en teleconferencias.

Puedes hacer esto al:

- Trabajar con una agenda limpia
- Los resultados de la llamada deben ser enviados en acuerdo con todos los participantes
- Es importante asegurarse que todos se puedan escuchar e incluir una llamada de roles
- Asegurar que recibas información de cuantos individuos como sea posible, impulsando a aquellos que son más silenciosos naturalmente a que participen
- Hablar más lentamente y precisamente de lo que lo harías en una reunión cara a cara
- Prestar atención al estilo del lenguaje, o sea, sintonizarse con cualquier preferencia visual, auditoria, o kinestésica. Puedes combinar tu estilo del lenguaje al de ellos.
- Desalienta cualquier cuchicheo y mantente con una sola discusión
- Usa los nombres de la gente – potencialmente más de lo que lo harías en una reunión cara a cara
- Asegúrate de agradecerle a la gente por sus contribuciones, por su nombre
- Puede ayudar visualizar a la persona del otro lado del teléfono mientras escuchas la conversación y siempre resume y revisa tu comprensión de los puntos discutidos y acerca de cualquier decisión tomada durante la sesión.

Rompiendo el nexo

De vez en cuando, puedes hallar que es necesario romper el nexo, pero asegúrate de hacer esto con tacto. Hay unos cambios claves que se deben hacer en tu comportamiento, los cuales te permiten romper el nexo por un tiempo breve:

- Puedes romper el contacto visual, alejarte físicamente de la persona, o usar expresiones faciales como cejas levantadas para comunicarte. También puedes darle la espalda a alguien y este es un movimiento bastante poderoso, pero debes tener mucho cuidado de no hacerlo sin querer.
- Puedes cambiar tu entonación o volver más suave, alta o fina tu voz. También puedes presentar el silencio.
- También puedes usar palabras diferentes y variar las frases utilizadas, inclusive usando la frase.

Si estás cerrando un trato, notarás que el vendedor romperá su conexión con el cliente en un nivel momentáneo cuando el contrato está siendo firmado. Dejan que el cliente revise el papeleo y esta acción también ayudará a mantener el nexo por un período más largo de tiempo por si el comprador potencial pudiese quedar molesto o decidir retirarse de la venta.

Posiciones perceptuales

Al usar técnicas de PNL, encontrarás que es cada vez más fácil construir el nexo con otros, pero puedes llevar esto un paso más allá al usar tres diferentes puntos de vista conocidos como las posiciones perceptuales. Es simple pero efectivo y simplemente significa mirar una situación desde todos los ángulos.

La primera posición – esta es tu perspectiva natural y utiliza tus pensamientos y sentimientos. Se puede llamar una posición de fuerza, más aún, si realmente sabes lo que quieres y eres guiado por tus creencias y valores. Esta también puede ser una posición egoísta ya que no sabes lo que los demás pueden querer.

La segunda posición – esta se trata de ser capaz de ponerse los zapatos de otro, o sea, ver la situación desde su punto de vista. Tienes que imaginar cómo una situación particular se vería para ellos.

La tercera posición – es aquí donde tomas el rol de un observador independiente, alguien que está alejado de cualquier emoción o conexión con la situación, pero que puede notar lo que está pasando en ese momento. Esta puede ser útil ya que puedes ver una situación desde ambos lados pero puede jugarte en contra si te vuelves reacio a participar completamente dentro de esta situación.

Es importante utilizar las tres perspectivas y si puedes acostumbrarte a cambiar tu perspectiva hacia la segunda y tercera posición durante cualquier conversación, verás que esto comienza a ser instintivo y te beneficiará enormemente.

El metaespejo

Desarrollado por Robert Dilts, este es un ejercicio de coaching muy útil que te permite utilizar una cantidad de perspectivas o posiciones perceptuales. La base de esta técnica es que consideras cualquier conflicto que estás enfrentando en un nivel individual y lo ves más como un punto de vista reflexivo y en cómo te relacionas contigo mismo. Al usar el abordaje del metaespejo, te permite dar un paso hacia atrás y ver cualquier problema en una nueva luz. Puede ser útil para una variedad de escenarios, incluyendo:

- Presentaciones laborales
- Negociaciones de contratos
- Discusiones sensibles-familiares o amigos
- Lidiando con clientes complicados
- Conversaciones difíciles con miembros de la familia, etc.

Tarea:

Esta tarea utiliza cuatro posiciones perceptuales.

Para comenzar, elige una relación que quisieras explorar. Esta puede ser una relación en la cual simplemente quisieras obtener algo de introspección con respecto a una confrontación que ha ocurrido en el pasado, o una conversación difícil. Define lugares en el piso los cuales significan las cuatro posiciones y colócalas en una forma de diamante con la primera posición en la parte superior.

Ahora párate en la primera posición utilizando tu punto de vista, imaginando que estás mirando directamente a la otra persona, que está en la segunda posición. Considera lo que estás experimentando, pensando, o sintiendo mientras miras a esta persona.

Ahora muévete hacia la segunda posición y date la vuelta como si estuvieras mirándote parado en la primera posición. Considera esto nuevamente desde su punto de vista e intenta imaginar lo que están experimentando, pensando o sintiendo.

Ahora ve a pararte en la tercera posición, la cual es el observador independiente, desde esta posición puedes ver a ambas personas colocadas en la primera y segunda posición y puedes hacerlo de manera imparcial. Mírate en la primera posición, ¿cómo le responderías a ese 'tú'?

Ahora ve y párate en la cuarta posición y contempla tus pensamientos en la tercera posición, comparados con los pensamientos y sentimientos de la primera posición. Luego intercámbialos. Como un ejemplo, en la primera posición puedes haberte sentido abrumado o confundido, pero en la tercera posición puedes haber experimentado tristeza. Cualquiera la emoción, o sea reacción, intercámbiala a la posición opuesta.

Vuelve a visitar la segunda posición y cuando estés allí, pregúntate cómo se siente ahora. ¿Qué ha cambiado?

Ahora termina la tarea al regresar a la primera posición, contemplando qué ha cambiado y cómo te sientes.

Esta tarea puede inicialmente parecer algo rara, pero vale la pena perseverar. Porque estás moviéndote físicamente a los diferentes lugares y entonces comenzando a contemplar perspectivas, esto te permite automatizar los puntos de vista de manera más eficiente en lugar de simplemente pensar acerca de lo que los otros pueden pensar o sentir.

Resistencia

Cuando la resistencia es considerada la razón para una falta de nexo, dentro de la PNL, puedes necesitar probar los siguientes:

- Darte cuenta si no te estás resistiendo inconscientemente a la persona o la situación, o considera si alguien más se está resistiendo a ti.
- Contempla cualquier razón para esto, pero recuerda que la mente inconsciente puede estar protegiéndote.
- Utiliza cualquier herramienta débil de construcción al marcar el paso de la otra persona y usar el mirror e igualación hasta que se comience a formar una conexión.

A mendo lo hallamos difícil el superar nuestra resistencia para desarrollar un nexo con algunos individuos y esto es porque tenemos que examinar nuestros recuerdos y experiencias pasadas para entender por qué estamos comportándonos de manera defensiva. Cuando esto está profundamente arraigado, puede ser beneficioso utilizar un coach de PNL o a un amigo para obtener comprensión.

Módulo Seis

Tareas de Autoevaluación

Tarea:

¿Qué significa marcar el paso?

Task:

¿Qué son el mirroring e igualación?

Por favor ten en cuenta que estas tareas de autoevaluación son para asegurar tu entendimiento de la información dentro de cada módulo. Como tal, no las envíes para ser revisadas por la KEW Training Academy.

Módulo Siete

Anclas

Las respuestas emocionales son experimentadas a diario por todos. Algunas son placenteras y otras no tanto pero las experiencias y sentimientos generalmente hacen que la vida sea más interesante, así como más confusa o hasta impredecible. En un estado emocional, la gente a veces actúa de carácter, 'se les cortan los cables' a veces con muy poca provocación. Es probablemente cierto decir que todos podemos identificarnos con estar en 'un estado' de vez en cuando. Los extremos de esto son cuando un individuo se siente abrumado y temiblemente fuera de control. Dependiendo de la situación, puede afectar la carrera, familia y vida social del individuo.

Anclas de la PNL

Las anclas de la PNL le ayudan al individuo a crear estados positivos dentro de sí mismos. Las anclas están basadas en el principio del ancla del bote que ofrece estabilidad incluso en aguas turbulentas. En los términos de la PNL, la definición del ancla es como un estímulo externo que desencadena un estado particular interno o una respuesta. Como tal, los individuos establecen anclas y responden a ellas de la manera adecuada. Cuando aprendas cómo anclar efectivamente, esto significa que puedes tomar todas las experiencias positivas y recuerdos y usarlos para lidiar con cualquier situación que sea personalmente desafiante. No es sorpresa que el cerebro lo hallará mucho más fácil acceder a las memorias negativas, entonces, al anclar, esto ayuda a apoyar los momentos buenos que pueden ser recordados. Esta técnica en realidad fue creada dentro de la PNL tras modelar las técnicas utilizadas por el hipnoterapeuta, Milton Erickson. Él a menudo usaba señales como desencadenantes que ayudaban a que la gente cambiara su estado mental interno. Mucho más recientemente, se le puso mayor énfasis a conseguir que tanto el cliente como el practicante entren a estados positivos y estos se volvieron conocidos como estados de alto desempeño

Desde el momento en que nacemos, estamos programados a responder a ciertos estímulos y como un resultado, te mueves y cambias tu estado en respuesta a tu entorno.

Los recuerdos y sentidos están íntimamente vinculados y los recuerdos se almacenan en asociación con los sentidos. Entonces los sentidos se pueden volver poderosas anclas para un momento o evento específico. De esta manera, la gente crea anclas positivas y negativas todo el tiempo. En términos de cambio positivo, aquí hay una tarea que utiliza la técnica PNL que se usa en el coaching para ayudar a los clientes a comenzar a tomar control de su propio estado al usar el recurso del ancla.

Tarea:

Sé claro con respecto al estado positivo que deseas. El estado positivo puede incluir ser enérgico, entusiasta, o anticipado. Cuando hagas esto, asegúrate de ser claro y muy específico, usando tus propias palabras para describir el estado.

Recuerda una ocasión específica – tiempo, en el que hayan experimentado este mismo estado. Esto significa buscar una experiencia que sea similar, aún si el contexto es muy diferente.

Una vez recordada, realmente vive la experiencia de manera vívida. Esto significa participar completamente con los sentidos y sensación interna.

Cuando estés 'dentro del estado y en su punto más alto' establece tu ancla.

Puedes usar movimientos de la mano (kinestésica) como un ancla, o gestos específicos. Para un ancla auditoria, escucha y desasocia sonidos específicos. Para las preferencias visuales, una imagen se puede crear, que simbolice el estado positivo y por lo tanto se puede recordar en un segundo. Entonces, un ancla puede ser la canción de un ave, o puede ser una hoja cayendo o una hermosa flor si has resonado con ella.

Cuando hay necesidad de ingresar rápidamente a un estado positivo, esta ancla simplemente se enciende y funciona como un estímulo para cambiar el estado. Esto significa recrear ese movimiento físico, recordando el sonido, o pensando en la imagen.

Para que las anclas sean exitosas, tienen que tener lo siguiente:

- Necesitan ser únicas, o sea, especiales para la persona
- Necesitan ser distintivas-tan diferentes de movimientos, sonidos o imágenes normales
- Necesitan ser puntuales-se debe elegir el mejor momento
- Necesitan ser reforzadas, de lo contrario, se pierde el ancla.

Vale la pena recordar que el anclaje es una herramienta que debe practicarse regularmente para ser efectivo. En contraste, es demasiado fácil establecer un ancla negativa. La parte de tu cerebro conocida como la amígdala es responsable de tus emociones y reacciona a cualquier respuesta amenazante, produciendo la energía disponible y estas experiencias negativas pueden rápidamente volverse la norma en la corteza prefrontal.

Para evitar establecer anclas negativas, es importante reconocer qué desencadena una respuesta negativa y desarrollar una nueva consciencia así puedes tener mayor control y elegir cómo responder. Siempre debes asegurar que trabajas de manera positiva con las anclas

Calibrando los estados

Probablemente quieras saber cuándo alguien está en un estado positivo, pero, ¿eres consciente de las señales que emiten? Cuando recién comienzas a construir una relación con alguien nuevo – ya sea en el ambiente laboral, un amigo nuevo, o una relación romántica, entender cómo calibrar a este individuo es altamente útil. En los términos de la PNL, la calibración simplemente es el proceso de descubrir cómo leer las respuestas de la gente.

Tiene sentido no intentar adivinar cómo se siente alguien, sino notar las pistas sutiles y expresiones faciales. Al hacerlo, esto ciertamente te puede ayudar a evitar decir la cosa equivocada en el momento equivocado. Para comenzar, puedes intentar calibrar el estado de un amigo o miembro de la familia, asegurándote de notar cualquier cambio en fisiología – así que presta atención a los movimientos faciales, así como al lenguaje corporal:

- Es importante establecer cómo es la persona en neutral. Para asegurar que siguen en un estado neutral, hazles una pregunta tonta.

- Después pídele a la persona que piense en alguien que realmente le guste, prestando atención a cualquier imagen, sentimiento o sonido que ocurra. Permite mucho tiempo para que la persona se involucre en la experiencia.
- Entonces, pídeles que se paren y físicamente sacudan el sentimiento. Esto se conoce como romper el estado.
- Entonces pídeles que piensen y se enfoquen en alguien que realmente les desagrada o cuya compañía realmente es desagradable. Tu amigo debe prestar atención específica a cualquier imagen, sentimiento o sonido que ocurra.
- Observa las diferencias en la reacción de tu amigo ante las experiencias positivas y negativas. Al hacer esto, puedes calibrar su estado en cualquier momento dado.

Vale la pena notar que alguna gente hace cambios muy pequeños en su lenguaje corporal, mientras que otros son más dramáticos.

Reconoce tus propias anclas

¿Cuál es el estímulo o desencadenante que más te afecta? Esto puede ser en casa o en el trabajo y vale la pena considerarlo así puedes identificarte con ellos o aprender a superarlos. Usa la tabla de más abajo para registrar tus anclas. Registra cualquier experiencia que te haga sentir bien o mal. Algunas de las experiencias pueden ser insignificantes, pero regístralas igual. En tu trabajo puedes estar inclinado de manera favorable hacia tener un escritorio limpio al comienzo del día. En tu casa, puedes sentir que una fogata a leña es una buena respuesta. Una mala respuesta en el trabajo puede ser cuando llega una carta de un cliente en particular o, en casa una mala respuesta ocurre si tu hijo adolescente pone música rock demasiado fuerte.

	En Casa		En el Trabajo	
	Bueno	Malo	Bueno	Malo
V – Visual				
A – Auditivo				
K – Kinestésico				
O – Olfatorio				
G - Gustativo				

Toma tiempo en el correr de una semana o dos para tomar nota de todas las anclas y aprende a identificar con ellas.

Mira estas anclas para tener ideas:

- Visuales-colores, imágenes, decoraciones
- Auditorias-canción de aves, música, voces
- Kinestésicas-sentimientos emocionales, texturas, elementos físicos
- Olfativas-aromas, olores, químicos
- Gustativas-comida, bebida, sabor

Nota que las anclas cambiarán con el tiempo seguido simplemente a través de la concienciación porque comenzarás a concentrarte en las cosas que son placenteras, en lugar de notar los desencadenantes que son molestos

Estados en secuencia:

Las emociones fluctúan en la vida, así como lo hará tu estado mental, y si llevas a tu mente a un día previo, considera el estado mental experimentado en momentos específicos del día. Cambiamos de estado constantemente y esta es una habilidad fantástica y necesaria. Como ejemplo, es imposible mantener un estado constante de elevación porque esto tomaría una cantidad extraordinaria de energía y sería exhaustivo. Los intérpretes de niveles altos deben poder regenerarse de lo contrario sería muy fácil agotarse y por lo tanto, aprender a tomarse un tiempo fuera de ese estado es algo esencial.

Aquellos que trabajan con clientes complicados a menudo tendrán que cambiar de estado a veces dentro de un período breve de tiempo. Mientras tiene sentido que los estados estén constantemente cambiando, también puedes alterar estados al usar anclas. Las anclas te permiten cambiar tu estado – a uno mucho más positivo, en el momento que lo necesitas. Al hacerlo, te permite una toma de decisiones mejorada, y trabajar de una manera que sea equilibrada y beneficiosa. Tu ancla designada te mantiene a salvo.

Mientras desarrollas tu concienciación en la vida, comenzarás a reconocer y sintonizarte con tus varios estados, tomando la decisión apropiada. Puedes mantenerte dentro de un estado – uno que quizás sea incómodo, o puedes determinar moverte hacia un estado mejor.

La familiaridad con las anclas es esencial. Es posible usar un ancla para crear un estado positivo en cuestión de segundos. Si tienes anclas negativos colocados, las notas que simplemente están pasando por arriba de ellas con las anclas positivas pueden dar lugar a problemas. Cuando tienes anclas negativas, es simplemente tu mente inconsciente insistiéndote que trabajes en un asunto en particular. Las anclas negativas pueden ser indicadores de una señal de advertencia – quizás no has logrado manejar un luto cuando falleció alguien a quien querías y, emocionalmente, te sientes cansado o exhausto. Cualquiera que sea la situación, la mejor manera de lidiar con un ancla negativa es trabajar en ella.

A medida que progreses y desarrolles tus habilidades de PNL, puede ser útil encontrarte un modelo a seguir positivo y este puede ser alguien que se comporta de la manera que tú quieres, que está logrando todo lo que tú quieres, y que vive una vida equilibrada y justa. Entender qué es lo que hacen que funciona es útil. Si han desarrollado una manera de vivir que es exitosa, entonces, ¿por qué no emularla? En otras palabras, camina en sus zapatos, y vive de la manera que ellos lo hacen. Esto puede significar ajustar las cosas pequeñas, o hacer cambios clave en tu vida.

- Ajustando tu postura,
- Haciendo gestos alternativos,
- Adaptando tus técnicas de respiración,
- Cambiando tu estado interno, o sea, cómo piensas y reaccionas a las situaciones.

Caminar en los zapatos de otro puede proporcionarte una introspección única de las diferencias entre tu vida y la de ellos, pero de una manera positiva y sin celos.

Anclas sofisticadas

Las anclas de la PNL se pueden usar efectivamente para una cantidad de situaciones y puede ser altamente beneficioso para cualquier situación que es desafiante o provoca miedo. Esto puede ser algo tan sencillo como necesitar elevar tus niveles de confianza para poder pararte y dar un discurso, o hasta perder peso. Para lo que necesites, la PNL puede ayudar.

La PNL no te da todas las habilidades o el estilo para ser un intérprete campeón, pero, al usar las técnicas de anclaje relevantes, te puede ayudar a mejorar y ser el mejor que puedas. A menudo tenemos hábitos destructivos y, aunque sabemos que son malos para nosotros, puede parecer imposible prevenir que nos adhiramos a este hábito. Piensa en el individuo que está desesperado por perder peso, pero que cada vez que se prepara un café, no puede resistir reaccionar al ancla negativo de tomar el paquete de bizcochos.

Hay muchas técnicas para superar un ancla negativa y una es conocida como desensibilizar. Para poder hacer esto, es importante que entres a un estado neutral y recién allí comiences a introducir el problema pero lenta y seguramente. Si tomamos la pérdida de peso como solo un ejemplo, es importante entrar a un estado fuerte así puedes decirle que no a los tipos de comida equivocados. Cuando puedas hacerlo, puedes practicar ser tentado mientras estás en el estado fuerte y cuanto más digas que no con sentimiento, comienzas a desarrollar hábitos nuevos más saludables

Colapso del ancla

Otra manera de derrotar un ancla negativo es soltar dos anclas al mismo tiempo, entonces sería un ancla positiva así como uno negativo. Suelta el ancla negativo mientras sostienes el positivo... por unos cinco segundos adicionales. Esto colapsa el ancla negativo y permite que quede el ancla positivo.

Cadenas de anclas

Las anclas funcionan bien en formato de cadena porque un desencadenante a menudo creará otro. Por lo tanto, una cadena de anclas puede ser la solución para un problema difícil o profundamente arraigado. Si puedes visualizar que cada eslabón dentro de la cadena actúa como el estímulo para el siguiente eslabón y por lo tanto, esto construye una secuencia de estados. Es posible fortalecer la cadena del ancla para ayudarte a alcanzar tu estado deseado. Es importante estar completamente familiarizado con crear anclas antes de diseñar una cadena, pero te ayudarán a alcanzar tu estado deseado y por lo tanto este es un abordaje muy efectivo si la distancia entre tu estado actual y tu estado deseado es muy grande. En efecto los eslabones se atascan en los peldaños.

Por favor recuerda que las anclas pueden llevar un tiempo para naturalizarse. Alguna gente tiene dificultades para trabajar con las anclas inicialmente, pero una vez que han entendido el concepto y las anclas se vuelven instintivas en lugar de forzadas, se vuelven muy eficientes. Ciertamente vale la pena perseverar incluso si los beneficios inicialmente son mínimos.

Módulo Siete

Tareas de Autoevaluación

Tarea:

¿Qué son las anclas?

Tarea:

Intenta usar anclas para ayudarte a superar cualquier área complicada de tu vida. Si tienes dificultades con esto, regresa al módulo y léelo de nuevo hasta que te sientas cómodo con intentar de nuevo.

Por favor ten en cuenta que estas tareas de autoevaluación son para asegurar tu entendimiento de la información dentro de cada módulo. Como tal, no las envíes para ser revisadas por la KEW Training Academy.

Módulo Ocho

El Meta Modelo

Ya hemos mencionado previamente los meta modelos, pero considerémoslos en más detalle aquí. Allá en 1956, la investigación de la habilidad de la mente de retener información descubrió que solo era posible manejar entre cinco o nueve pedazos de información en cualquier momento dado. Esto significaba que miles o millones de información que le llega a la mente tiene que ser filtrada o de lo contrario sería demasiado para lidiar. Los meta programas son los filtros inconscientes que dirigen tu atención hacia información o se convierten en la manera que procesas cualquier información o cómo la comunicas.

Los meta programas de un individuo pueden ser detectados de la manera que usan el lenguaje. Lleva tiempo aprender esto.

Consideremos que estás intentando construir un nexo con alguien rápidamente. Puedes elegir vestirte, hablar o hasta comportarte como este individuo. Si esto suena extremo, en realidad funciona.

Sin embargo vale la pena notar aquí que cuando mencionamos hablar de una manera similar a la persona en cuestión, no significa imitarlo. En su lugar, significa utilizar un vocabulario similar.

Cuando comienzas a detectar los meta programas de un individuo, el nexo se puede lograr mucho más rápido simplemente al combinar los patrones de lenguaje del individuo. La gente usa los meta programas de una manera inconsciente pero cuando logras combinar los meta programas, se agrega una dimensión adicional dentro de las capas de la comunicación. Esta capa o vínculo conecta con las mentes inconsciente y consciente.

Hay siete meta programas que pueden ser utilizados para aumentar la efectividad de la comunicación, pero es importante entender las bases de los meta programas y cómo surgen.

Por ejemplo, absorbemos instintivamente los meta programas de figuras de autoridad, como ser nuestros padres y maestros. También hacemos esto con respecto a nuestra cultura. A medida que crecemos y experimentamos la vida, nuestros meta programas pueden cambiar.

Consideremos que cuando eras niño, se te rezongaba por ser demasiado abierto o demasiado emotivo. Quizás naturalmente exponías tu corazón. A medida que creciste, aprendiste a suprimir esta transparencia y comenzaste a reprimir esos sentimientos, volviéndote más despegado. Esto no solo impactó tus elecciones de amigos o relaciones, pero hasta tus elecciones laborales.

Los meta programas se usan constantemente, pero dependerá de la situación si usas un meta programa en particular en lugar de otro.

Cuando estés conectando con el meta programa de otro, debe ser únicamente para expandir tu entendimiento acerca de ellos, y para mejorar la comunicación. Los meta programas nunca están bien o mal.

Nota: Una gran parte de la PNL es poder ser capaz de entender e identificar el lenguaje utilizado por otros. Con un abordaje consciente a los meta programas, puedes descubrir muchos patrones de comportamientos antes de que el comportamiento siquiera sea aparente. Las investigaciones acerca de los meta programas desarrolladas por Richard Bandler han confirmado que aquellos que tienen patrones de lenguaje similares son más probables a tener patrones de comportamiento similares.

Es muy fácil que ocurra un quiebre en la comunicación cuando falta alerta de los meta programas que se están utilizando. Por lo tanto, aprender acerca de los meta programas te habilitará a ayudar a descifrar cualquier mapa mental de aquellos que te rodean.

Los pioneros de la PNL, o sea, Grinder y Bandler, se dieron cuenta de que aquellos que utilizaban patrones del lenguaje que eran similares podían desarrollar conexiones mucho más profundas y el nexo de manera más eficiente que aquellos con patrones que no eran similares. Ciertamente, los meta programas son una manera eficiente y poderosa de forjar sentimientos de nexo en un nivel verbal con solo escuchar, identificar los patrones del lenguaje de los demás, y después utilizar el lenguaje que se entiende fácilmente.

Cada persona es única y todas las elecciones y decisiones son influenciadas por experiencias, recuerdos, valores y a través de información filtrada. Así que dos personas enfrentando la misma situación igual harán decisiones que variarán basándose en estos. Esto podría ser porque una persona se siente abrumada por la cantidad de información proporcionada, mientras que la otra persona puede llegar a una decisión rápida y esta puede ser basada en los sentimientos producidos.

Las diferencias se reducirán a los meta programas.

Si deseas tener éxito en tu campo elegido, puedes emular a un modelo a seguir, simplemente implementado los procesos que usan. Se trata de modelar a esa persona. Puedes armar meta patrones a través del análisis de contenido acerca de este individuo, al observar, escuchar o hablar con la persona. Para tener éxito con esto, el proceso de modelado requiere que entiendas, escuches, y uses los mismos meta programas. Adicionalmente, al intentar ser el 'modelo del mundo' para otra persona, te puede dar una perspectiva completamente diferente en la vida y también sumará, de manera beneficiosa, nuevas opciones para ti.

Miremos con un poco más de profundidad los comportamientos:

Proactivo/reactivo

Para cualquier individuo que prefiere tomar acción, actúan del lado proactivo de la escala. Si tienes a alguien que tiende a sentarse para atrás y a esperar a que pasen las cosas, seguramente sean más reactivos.

Proactivo – los individuos proactivos son muy buenos identificando las situaciones en lugar de quedarse sentados. Toman el control y pueden disfrutar trabajar para sí mismos o estar en una carrera con ambientes de presión muy alta – algo como niveles altos de gerencia o ventas. La gente proactiva a veces molesta a los demás porque son alcistas en sus abordajes para lograr objetivos.

Reactivo – si un individuo es reactivo, tienden a sentarse hacia atrás a esperar a que los demás tomen el control y pueden solo decidir tomar acción si consideran que el momento es el justo. Son reflectores naturales, pero esto puede hacer que se encuentren reacios a tomar acción.

Algunos individuos presentan tendencias proactivas y reactivas y esto depende de su situación. Es fácil ubicar la diferencia entre una persona proactiva y una reactiva simplemente al observar su lenguaje corporal. Como ejemplo: un individuo proactivo es más probable que se mueva mucho más rápido y que despliegue señales de impaciencia. Su postura puede ser buena, con los hombros hacia atrás y el pecho hacia afuera y su actitud mental es que están dispuestos a enfrentarse a lo que sea. En contraste, alguien que es reactivo, desplegará movimientos más lentos, su postura puede ser pobre, y su cabeza agachada.

Moviéndose hacia/alejándose

Gastamos mucho tiempo y energía moviéndonos hacia o alejándonos de algo que podría ser placentero o que buscamos evitar. Evaluamos si tomar acción nos es beneficioso al tomar nuestros valores como un guía.

Piensa en alguien que tiene la resolución de perder peso y hacer más ejercicios. Inicialmente, estarán determinados y motivados y su régimen de ejercicios comienza a funcionar. De repente, a veces por una pequeña razón, las dudas comienzan a escabullirse o el individuo se desmotiva, pero eventualmente lograron ponerse en el camino de nuevo hasta donde estuvieron motivados nuevamente. Este tipo de alejamiento o acercamiento hacia un escenario puede continuar una y otra vez. En este tipo de circunstancias, el individuo puede tener un 'alejamiento' del meta programa, y esto simplemente significa que fueron impulsados a tomar acción a través de la huida de algo, como ser la pérdida de peso o una falta de aptitud física.

Como una regla general, la gente tiende a moverse alejándose o acercándose hacia las cosas, pero usualmente no las dos.

Aunque la PNL está muy enfocada en las metas y resultados positivos, tenemos que considerar las emociones como el miedo porque esta puede ser también una razón para motivarse. Pero, igualmente, cuando temes perder algo, asumamos que hay un riesgo de redundancia, entonces tienes que tomar acción y esto puede significar trabajar más. Entonces, un motivador de 'alejándose' todavía es muy poderoso, pero tu enfoque en este escenario estará preocupándose por lo que puedes perder y esto puede ser debilitante ya que entonces vives en un estado de estrés. En este tipo de situación, habrá un grave efecto en tu cuerpo físico, así como en tus emociones. La manera de cambiar esto es siendo capaz de cambiar a una estrategia diferente, entonces, en su lugar, cambias a una estrategia de 'hacia' cuanto antes. Si estás planeando trabajar de manera extensiva en la arena de la PNL, debes saber que el estrés tiene un efecto poderoso y negativo en todos. De hecho, es tan poderoso, que puede detener a la gente de tomar decisiones racionales en la vida. Si estás considerando trabajar de coach con gente así cambian su vida y logran sus metas, debes asegurarte que se cumplan los cimientos del cambio antes de que tomen cualquier acción. Aquella gente con los patrones de 'alejarse' pueden parecer bastante negativos para cualquiera que tenga un patrón opuesto.

Si tuvieras un grupo de gente mezclada delante de ti pero los dividieras en patrones de 'alejándose' y 'hacia' y probaras sus reacciones, notarías que el grupo de 'alejándose' a menudo presta más atención a las cosas que pueden salir mal. Estos grupos de personas serían buenos empleados en los términos de mantener la calidad o con respecto a los asuntos de seguridad.

El grupo de gente con los meta programas de 'hacia' a menudo son vistos como ingenuos por la gente de 'alejándose' porque no siempre analizan o consideran los problemas que fácilmente pueden suceder mientras siguen sus metas. En contraste, la gente 'hacia' son motivados por las promesas de qué podría suceder. Por ejemplo, están gobernados por mejorar sus sueldos o la posibilidad de recibir un bono. Nota que la motivación está más ligada al prospecto de un resultado positivo.

Aquellos que tengan un meta programa 'hacia', usarán palabras como:

- Obtener
- Lograr
- Cumplir, etc.

Un individuo con un meta programa de 'alejándose', usará palabras como:

Deshacerse de

Prevenir

Evitar

Remover

Descubriendo opciones/procedimientos

En este grupo de meta programas, tenemos los tipos de opciones y los de procedimientos. La gente opciones disfruta de probar nuevas maneras de hacer las cosas, les encanta la variedad, tienden ser buenos comenzando proyectos o estableciendo procedimientos, pero pueden no querer ser quienes tienen que seguir los procedimientos. Encuentran casi irresistible el probar nuevas maneras de hacer las cosas y a menudo disfrutan de romper las reglas. Para aquellos que tienen una preferencia de procedimientos, les gusta seguir las reglas y los procedimientos ya establecidos y prefieren que alguien se los cree, que andar diseñándolos. Siguen cualquier procedimiento repetidamente, a menudo sin preguntas ni modificaciones. Seguramente, se sienten obligados a seguir cada paso que está establecido.

Adentrándose en lo interno/externo

Dentro de estos dos meta programas, estarán aquellos que confían en su juicio e instintivamente sabrán que han hecho bien y necesitarán un pequeño premio por haberlo hecho. Esta gente opera en el lado interno de la escala. Para aquellos que trabajan bien pero necesitan retroalimentación de otros, probablemente tengan una preferencia externa.

En la niñez, la mayoría tendrá un marco externo de referencia.

Como los niños absorben las enseñanzas de los padres y maestros de una manera consciente e inconsciente, a menudo se adaptan así desarrollan un meta programa más interno, porque han obtenido un mayor entendimiento de quiénes son y son capaces de juzgar y confiar en sus decisiones.

Esto no es así para toda la gente.

Cuando se está comenzando en un trabajo nuevo, es probable que haya la tendencia de desarrollar una referencia externa inicialmente porque sería útil tener la retroalimentación de alguien más experimentado y esto entonces confirmaría que estás trabajando bien. Con confianza y seguridad, la referencia entonces se vuelve interna.

Los emprendedores a menudo son gente interna porque no necesitan que se les diga que están haciendo bien o necesitan que se les diga que deben tomar acción. Para aquellos que tienen un meta programa externo, necesitan recibir retroalimentación seguido así se mantienen motivados y sienten premiados. La gente externa es más fácil de manejar, simplemente necesitan dirección y elogios al final, la gente interna puede ser más difícil de manejar porque quieren hacer las cosas a su manera y trabajar según sus propios estándares.

Si descubres que estás hablando con alguien con un marco interno de referencia, usa frases como:

- Es tu decisión
- Velo tú mismo

Si hablas con alguien que tiene un marco más externo de referencia, usa frases como:

- La opinión experta confirma…
- Las investigaciones indican…

Yendo global/detallado

Alguna gente naturalmente ve el panorama en la vida pero tienen dificultades al tratar con detalles pequeños. Si se le presta demasiada atención al detalle, este tipo de persona puede simplemente apagar su atención y volverse impacientes. Para aquellos que son más detallados, prefieren la información en pasos en secuencia, trabajan bien al prestar atención de cerca a los detalles y a menudo se lanzarán directamente a trabajar en una tarea sin mirar el impacto en el panorama.

Reconociendo igualdad, igualdad con diferencia y diferencia

Si tú o aquellos que te rodean tienen que aprender algo nuevo, puede haber una tendencia a combinar la información dada con información ya recogida. Si esto te suena familiar, significa que tienes una preferencia hacia la igualdad. Ubicas las similitudes. Para aquellos que hacen esto, pero que también notan las diferencias, tienen una preferencia de igualdad con diferencia. Para aquellos que prefieren mirar lo que es diferente de la información ya recogida, se inclinan hacia la diferencia.

Observemos esto con más detalle:

La persona de igualdad

A este individuo le resultará más fácil crear el nexo con los demás porque pueden combinarse con los patrones del pensamiento de alguien más de manera automática. Pueden ser culpables de borrar información obtenida si no logran ubicar las similitudes en una situación previa y pueden tener dificultades para aprender algo nuevo donde no hay un patrón obvio de familiaridad. La gente de igualdad puede sentase amenazada por el cambio o seguramente reacios al cambio. Inclusive las adaptaciones diarias pueden ser difíciles. La dilatación es común.

Para un individuo que tiene una preferencia de igualdad con diferencia, encontrarán tanto las similitudes, así como las diferencias. Mientras prefieren los cambios poco frecuentes, se adaptan al cambio. Para poder aumentar sus conexiones con los demás, pasan tiempo enfatizando las similitudes.

Para aquellos con un meta programa de diferencia, florecerán con el cambio. A menudo crean cambios en sus vidas simplemente por hacerlo. Así como con el individuo de igualdad, la gente de diferencias puede también eliminar mucha información obtenida, pero en este caso, es porque no pueden identificar las diferencias, en lugar de no poder encontrar las similitudes. Alguna gente los hayan complicados simplemente porque siempre ven el argumento opositor. Pueden ser superficiales pero disfrutan de aprender y construirán el nexo con bastante facilidad con aquellos que son similares a ellos pero tiene que hacer un esfuerzo mucho mayor cuando hablan con aquellos que no tienen meta programas de diferencias.

Nota: puedes encontrar a alguien que responde a las polaridades y esto simplemente significa que están en la punta extrema de la escala de igualdad/diferencias. Pueden irse más allá de lo necesario para estar en desacuerdo contigo y resistirán cualquier sugerencia o idea expuesta.

Si te encuentras un respondedor de polaridad, es posible desarmar su tipo de actitud simplemente diciendo, 'sospecho que no estarás de acuerdo, pero...'

Aunque esto parezca ser un patrón negativo con el cual tener que competir, es importante igual escuchar a este individuo, ya que puede ofrecer una perspectiva totalmente diferente que puede demostrar ser de interés.

Para identificar estos patrones, busca palabras y frases específicas:

Meta programas de igualdad – usarán palabras o frases como:

- Similar
- Igual
- Como siempre
- Tan bueno como
- Idéntico
- Sin alterar, etc.

Meta programas de igualdad con diferencias usarán palabras y frases incluyendo:

- Igual, salvo...
- Mejorar
- Aumentar
- Progresar
- Aunque
- Gradual

Meta programas de diferencias usarán palabras y frases incluyendo_

- Diferente
- Cambiado

- Alterado
- Sin comparación, etc....

Módulo Ocho

Tareas de Autoevaluación

Tarea:

Aclara tu entendimiento de los meta programas

Por favor ten en cuenta que estas tareas de autoevaluación son para asegurar tu entendimiento de la información dentro de cada módulo. Como tal, no las envíes para ser revisadas por la KEW Training Academy.

Trabajo de Evaluación Final

Felicitaciones por completar este curso de estudios profesionales acerca de la Programación Neuro Lingüística. Esperamos que lo hayas hallado informativo y que estés pronto para embarcar en tu nueva carrera. Por favor tómate el tiempo de completar el Trabajo de Evaluación Final por completo y luego enviarlo a: courses@karenewells.co.uk

Por favor asegúrate de no enviar tu evaluación antes de dos meses luego de comenzarla. Esto te da el tiempo suficiente como para entender, procesar y practicar completamente toda la información proporcionada en el curso. Tu evaluación debe ser escrita en computadora y enviada en el cuerpo de tu correo electrónico o adjunta como un documento de Word. Desafortunadamente, no podemos aceptar ninguna otra forma de documento adjunto. Buscamos poder reconocer la recepción de tu evaluación dentro de un día laborable, y la revisaremos y te contactaremos dentro de los 14 días laborables. Siguiendo una evaluación satisfactoria, se te otorgará un certificado de competencia.

1. ¿Qué significa PNL?

2. ¿En qué década comenzó la PNL?

3. ¿Cómo son los nombres de los dos hombres que fundaron la PNL?

4. ¿Qué significa el cerebro límbico?

5. ¿Qué significa re-encuadrar?

6. ¿Qué significa sub-modalidad?

7. ¿Qué son las anclas?

8. En la PNL, ¿qué significa el estado de calibración?

9. ¿Qué es el metaespejo?

10. ¿Qué son el mirroring e igualación?

11. ¿Qué se necesita para que las anclas sean exitosas?

12. ¿Qué significa la modalidad visual?

13. ¿Qué significa que 'el mapa no es el territorio'?

14. En la PNL, ¿qué significa la generalización?

15. Escribe un ensayo de entre 500 y 1000 palabras aclarando cómo se puede usar la PNL de una manera beneficiosa. Puedes también incluir beneficios personales obtenidos.

Acerca de

The KEW Training Academy fue establecida en el año 2006 por Karen E. Wells para llenar un hueco en el mercado de los cursos en línea que hacen que aprender sea divertido, educativo, y fácil. The KEW Training Academy ofrece soluciones fáciles y efectivas que te sirven ya sea de manera personal, como profesional. Tu curso ha sido entallado por años de experiencia, permitiéndote lograr las metas que te dan la llave hacia la libertad. www.kewtrainingacademy.com

Cursos Adicionales

Online Diploma Training Course in Hypnotherapy – Conviértete en un Hipnoterapeuta Calificado

Conviértete en un Hipnoterapeuta calificado con este Curso de Entrenamiento en Línea en Hipnoterapia. Este curso te da todas las herramientas para convertirte en un Hipnoterapeuta completamente reconocido y competente.

Este curso se entrega a través de un portal de aprendizaje en línea donde trabajas a través del curso, módulo por modulo en tu propio tiempo. Incluye un manual de entrenamiento exhaustivo, escritos, inducciones y formularios de consulta para tu cliente y un MP3 de bono de Ultimate Relaxation Hypnosis (Hipnosis Definitiva de Relajación) y apoyo sin límite y dedicado de los tutores a través de foros en línea. Todo lo que necesitas de estar en el sillón en casa, hasta ser el terapeuta en tu área.

Regístrate aquí

Online Diploma Training Course in Past Life Regression – Conviértete en un Terapeuta Calificado de Vidas Pasadas

The KEW Training Academy está ofreciendo este Curso de Entrenamiento en Línea para Entrenamiento de Regresiones a Vidas Pasadas para aquellos interesados en Vidas Pasadas que quieren comenzar o expandir su práctica al utilizar técnicas de Regresión para esta vida, o para Vidas Pasadas. ¡Este curso es único y ofrece entrenamiento en Terapia de Vidas Pasadas que no se ofrece en ningún otro lado!

Regístrate aquí

Online Diploma Training Course - Life Between Lives - Between Lives & Beyond. Conviértete en un Terapeuta Calificado de LBL

The KEW Training Academy está ofreciendo este Curso de Entrenamiento en Línea – Vida Entre Vidas – Entre Vidas y Más Allá para aquellos que tienen experiencia previa con Regresiones a Vidas Pasadas y que desean expandir su práctica hacia las Regresiones de Vida Entre Vidas.

La Vida Entre Vidas fue descubierta por el Dr. Michael Newton, quien fue el pionero para este trabajo.

Michael ahora se ha retirado pero ha formado TNI (The Newton Institute – El Instituto Newton), ubicado en los EEUU para continuar con su legado.

Regístrate aquí

Online Training Course - Easy & Relaxed Childbirth

Este Curso de Entrenamiento en Línea es para los terapeutas ya existentes que desean expandir su práctica al ofrecer sesiones personales o grupales a las mujeres embarazadas que quieren tener un Parto Fácil y Relajado.

Regístrate aquí

Online Diploma in Mindfulness

El Mindfulness (la consciencia) es un estado de atención activa y abierta en el momento presente. Cuando eres Mindful, puedes observar tus pensamientos y sentimientos sin juzgarlos como buenos o malos. En lugar de que la vida te pase, el Mindfulness te permite vivir en el momento y despertar a cada experiencia de tu día y vida.

Regístrate aquí

Online Diploma Training Course - Future Life Progression

The KEW Training Academy está ofreciendo este Curso de Entrenamiento en Línea para el Entrenamiento en Progresión para Vidas Futuras para aquellos que ya tienen experiencia en Regresiones.

Este curso es para aquellos que quieren expandir su práctica al usar técnicas de Progresión para Vidas Futuras. ¡Este curso es único y ofrece entrenamiento en Vidas Futuras que no se ofrece en ningún otro lado! Si deseas combinar la Progresión con la Curación, este curso es para ti.

Regístrate aquí

Para ver todos los cursos de The Kew Training Academy, haz clic aquí

Créditos

Cortesía de Pixabay.com

Curso Profesional de Programación Neuro Lingüística

The KEW Training Academy

Printed in Great Britain
by Amazon